Wort-Wege
Lebens-Wege

Lyrik und Prosa aus der Montagswerkstatt

Wort-Wege
Lebens-Wege
Lyrik und Prosa aus der Montagswerkstatt

Herausgegeben von

Marie-Luise Grünig-Martin

Mit Fotos von Marie-Luise Grünig-Martin

Die Mitglieder des Montagswerkstatt e.V. haben nicht nur durch ihre Textbeiträge und Honorarverzicht zur Realisierung von „Wort-Wege Lebens-Wege" beigetragen, sondern auch intensiv bei der Textauswahl und -erfassung, den Redigier- und Korrekturarbeiten mitgewirkt.

Die Montagswerkstatt e.V. ist ein gemeinnütziger Verein und finanziert sich aus Spenden und Mitgliedsbeiträgen.

Ein Buch des
Montagswerkstatt e. V.

Alle Rechte bei dem Montagswerkstatt e.V. und den Autoren
1. Auflage, Dezember 2015

Bibliografische Information der Deutschen Nationalbibliothek
Die Deutsche Nationalbibliothek verzeichnet diese Publikation
in der Deutschen Nationalbibliografie, detaillierte bibliografische Daten
sind im Internet über http//dnb.dnb.de abrufbar.

© 2015 Montagswerkstatt
Herstellung und Verlag:
BoD – Books on Demand, Norderstedt

ISBN: 9783739213064

Wort-Wege
Lebens-Wege

Lyrik und Prosa
aus der Montagswerkstatt

HERAUSGEGEBEN VON
MARIE-LUISE GRÜNIG-MARTIN

Vorwort

Liebe Leserinnen, liebe Leser,

die Montagswerkstatt hat mittlerweile schon einen langen Weg zurückgelegt – seit über 30 Jahren treffen sich Schreibende in dieser Runde, stellen sich gegenseitig ihre Texte vor, warten auf ehrliche und konstruktive Kritik, auf Anregungen zur Überarbeitung, Weiterentwicklung und Verbesserung. Gelegentlich werden die Ergebnisse interessierten Lesern in einer Anthologie vorgestellt – diesmal ist es die ELFTE!!!

Der Titel WORTWEGE / LEBENSWEGE will andeuten, dass sich in den Texten LEBENSWEGE eingeschrieben haben, die sich über das WORT den WEG in die Öffentlichkeit suchen.
Vielleicht erkennt mancher Leser Ähnlichkeiten mit eigenen oder bekannten Lebensentwürfen, Lebensstationen, Lebenswegen und Lebensbilanzen.
Bei den Lebenswegen können, wie in den Kapitelüberschriften angedeutet, LEBENSLIEDER anklingen – in Moll und in Dur.
Die Texte können in die TÄLER DER VERGANGENHEIT führen, in die HINTERHÖFE EINER KINDHEIT; sie zeigen ZERFRANSTE LEBENSFÄDEN, aber auch – wie in AUFBRICHT DAS BLAU – Hoffnungen, Glücksmomente, heitere Begebenheiten, Sehnsüchte, neue Wege, andere Wege.
Die Mitglieder des Montagswerkstatt e.V. haben der neuen Anthologie den Weg bereitet und hoffen, dass die Inhalte ihren Weg zu den Lesern finden. Vielleicht erreichen uns auch einige Rückmeldungen – wir würden uns freuen!

Marie-Luise Grünig-Martin
(Erste Vorsitzende des Montagswerkstatt e.V.)

Irmgard Osterrieder
Elfchen

Elfchen –
elf Wörter
zeilenweise eines mehr ...
ich liebe diese knappe
Ausdrucksweise.

Lebenslieder

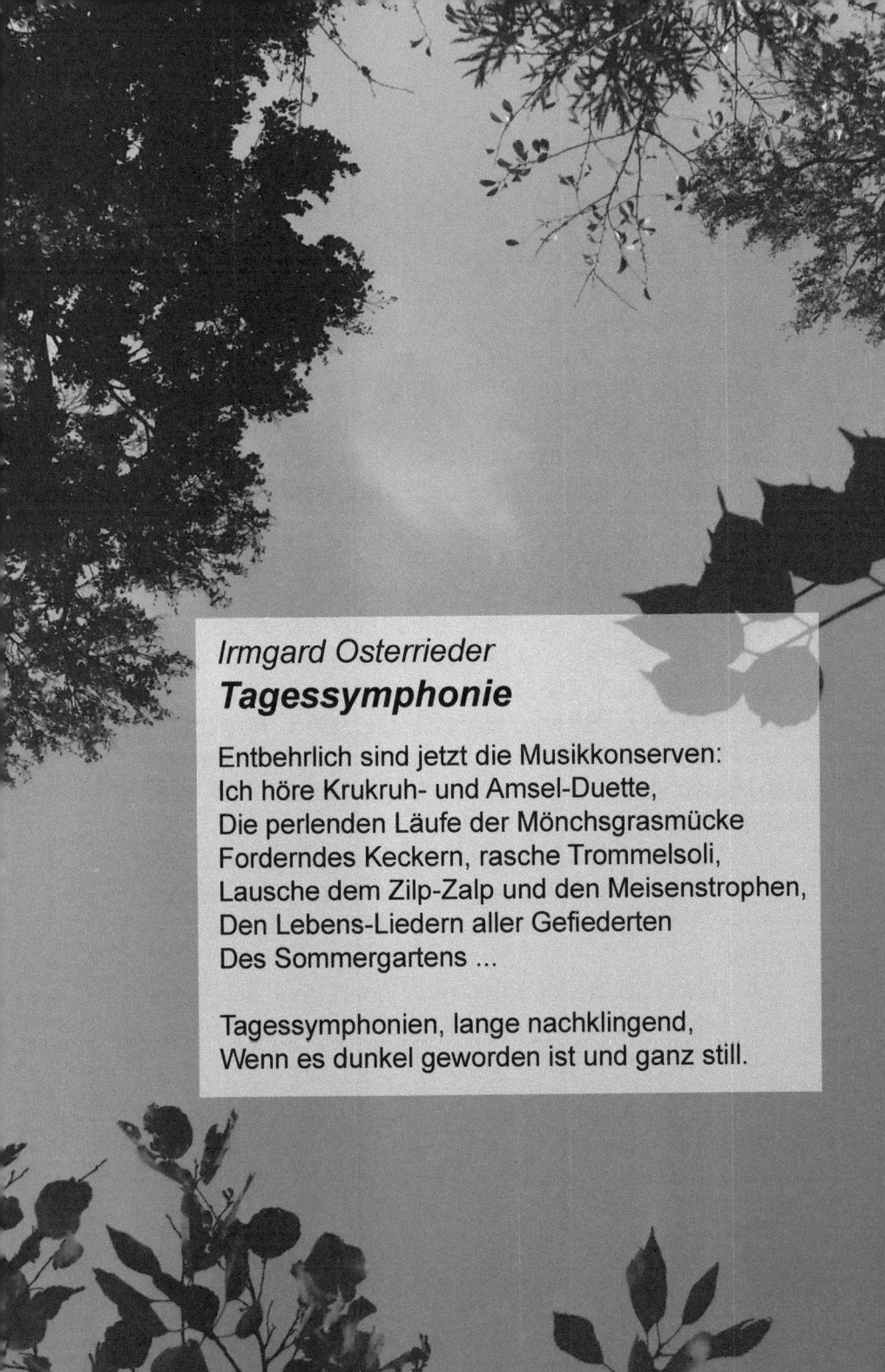

Irmgard Osterrieder
Tagessymphonie

Entbehrlich sind jetzt die Musikkonserven:
Ich höre Krukruh- und Amsel-Duette,
Die perlenden Läufe der Mönchsgrasmücke
Forderndes Keckern, rasche Trommelsoli,
Lausche dem Zilp-Zalp und den Meisenstrophen,
Den Lebens-Liedern aller Gefiederten
Des Sommergartens ...

Tagessymphonien, lange nachklingend,
Wenn es dunkel geworden ist und ganz still.

Peter Inzen
Wer Schmetterlingen zuhören kann, erfährt wie Wolken schmecken

Gegen sechs Uhr dämmert der Tag. Ich lausche dem Konzert der Vögel und friere.
Der sandig-steinige Weg führt stet bergauf. Das Gewicht meines Rucksacks wirkt wie eine eingebaute Handbremse. Ganz allmählich wird mir warm.
Vergeblich halte ich Ausschau nach Hinweisschildern.
Ein kleiner Indio-Junge, höchstens fünf Jahre alt, überholt mich elegant auf seinem Esel.
Nach fast drei Stunden entdecke ich erste Vorboten des Habitat*: Schmetterlingsleichen auf dem Pfad und im Gebüsch. Dann eine handgemalte Tafel: EL ROSARIO. SANCTUARIO DE LAS MARIPOSAS MONARCAS. Ich gehe vorbei an einem kleinen Info-Häuschen und an leeren Verkaufsständen. Kein Mensch da!
Es dauert, bis ich an den Zweigen einiger Bäume riesige ‚Trauben' hängender Schmetterlinge wahrnehme: Graubraun, als hätten die Fichten welke Blätter.
Wo erste Sonnenstrahlen hinreichen, regt sich träge etwas Leben. Eine Stunde später sind schon Tausende der Insekten aufgewärmt und fliegen umher.

Erinnerungen werden wach an den ‚Indian Summer' im Süden Kanadas und im Norden der USA: Unzähli-

---
* Wohn- bzw. Lebensgebiet

ge dieser orange-schwarz gemusterten Monarche belebten dort die sich buntfärbenden Wälder und Heiden. Auf ihrer herbstlichen Wanderung hatten sie damals die gleiche Richtung wie ich: Südwestwärts, raus aus winterlichen Frostzonen. Nun begegnen wir uns 8.000 km weiter hier im abgelegenen mexikanischen Hochland. Bis zu 120 km täglich haben sie dafür zurückgelegt.

Ich bewege mich jetzt vorsichtig vorwärts, taste zentimeterweise mit neugierigen Blicken den Wald ab. Vor mir, am Boden, rühren sich schwerfällig die heruntergefallenen Falter. Wir sind auf über 3.000 m Höhe, da sind die Nächte frostig.

Ich beobachte gefesselt die orange-schillerden Falter, wie sie mit den Flügeln pumpen und dabei scheinbar mit jeder Bewegung ein wenig größer werden.

Gegen Mittag erreichen die Sonnenstrahlen die meisten Äste und Zweige, und die dunkelgrüne Farbe der Fichten geht über in ein leuchtendes Orange.

Orange ist die Warnfarbe giftiger Tiere. Monarche ernähren sich als Raupen von Wolfsmilchgewächsen, speichern deren giftige Substanzen in ihrem Körper als Selbstschutz.

Überall sitzen jetzt Falter und sammeln Sonnenstrahlen. Die Luft ist voller Schmetterlinge. Einige paaren sich, heben miteinander ab; fallen in Spiralbewegung sanft zu Boden, setzen dort die Paarung fort.

Sie gehören zur fünften Generation der Monarchen, die zehn- bis zwölfmal so alt werden wie Artgenossen anderer Generationen. Diese lange Lebenszeit ermöglicht ihnen einen kompletten Migrationszyklus. Ein Rätsel, warum sie alljährlich wieder an genau dieselben Bäume wie ihre Vor-, Vor-, Vor-, Vor-, Vorfahren kommen. Warum nicht ein paar Kilometer entfernt von hier auf gleiche Bäume in gleicher Höhe? Wissenschaftler vermuten eine Art ‚Magnetismus' im Körper der Falter. Deshalb verbietet man auch die Entfernung von Leichen erfrorener oder durch Hagelstürme vernichteter Monarche. An manchen Stellen des Waldes liegen abertausende von ihnen, wie ein dichter Laubteppich.

Es ist früher Nachmittag, alles flirrt und schwirrt wie aufgewirbeltes Laub. Gerne würde ich mit abheben.

Fasziniert bewege ich mich fast schwebend inmitten dieses sanften Tumults. Dutzende der bis zu handtellergroßen Tiere landen auf meinem Rucksack, auf meinem Hemd, auf meinem Kopf, in meinem Gesicht. Um mich herum flattern und segeln zig Millionen Monarche – und doch so leise und beschaulich! Nur ein leichtes Rauschen ist vernehmbar: Akustische Summe zahlloser Flügelschläge.

Ein Vergleich drängt sich auf zur 25 Millionen-Stadt Mexico-City: Auch Anziehungspunkt für ungezählte Migranten und Besucher, aber so laut und hektisch, stinkend, rücksichtslos, aggressiv.

Aus dem Wald weit unten naht empfindlich störend eine Klangwolke aus Lachen, Jaulen, Schimpfen und Kreischen. Viel später erst kann ich die Verursacher dieser Waldbeschallung auch sehen: Eine Ausflüglergruppe, der Zusammensetzung nach eine Großfamilie, ich nehme an: Städter.

Es ist vermutlich die Mutter, die meinen irritierten Blick wahrnimmt und nun versucht, die Kinder zum Leisesein zu bewegen, indem sie deren Lautstärke

überbrüllt. Vergeblich.
Auch ich versuche mein Glück und habe damit beinahe eine Minute lang Erfolg: „Kinder, wenn ihr den Schmetterlingen zuhört, könnt ihr erfahren, wie Wolken schmecken!"
Verdutzt starren sie mich an und – lauschen.
Dann wenden sie sich an ihre Mutter: „Der Señor hat gesagt, man kann Schmetterlingen zuhören!"
„Hat er gesagt!" gibt sie zurück.
Und das Toben geht weiter.

Anna Maria Nagl-Lerch
Tränendes Herz (Dicentra spectabilis)

Deiner Stille
wieder fern
der junge Laut des Frühlings
sein schmeichelnder Klang
errötet noch immer dein Herz
lautlos deine Träne

Irmgard Osterrieder
Kreischer

Hochsommer war es für ein paar Tage. Die Mauersegler, so reglos. Paradox! Denkt man an Mauersegler, in manchen Gegenden auch Kreischer genannt, fällt einem doch nicht das Wort „reglos" ein. Aber genau das ist es. Reglos am hohen Himmel. Kaum ein Flügelschlag. Doch ständig unterwegs. Sturzflug. Jäher Sturzflug. „Fresst euch nur satt an unserem Ungeziefer," will ich ihnen zurufen, „räumt sie weg, die Mücken und Fliegen, damit sie uns nicht plagen und es euch gut geht auf der langen Reise, die ihr bald antreten werdet." Schon sammeln sie sich in Gruppen über der Stadt. Jagen laut schreiend an Dächern vorbei.

Hochsommer. Am wolkenlosen Himmel sammelten sich immer mehr von ihnen; mit gellenden Schreien jagten sie um die Gefährten und hinter Insekten her, eine Art Abschiedsparty für die Menschen und den Sommer.

Die schrillen Schreie, die sie ständig ausstoßen, die sich bei einer so großen Gruppe ineinanderschieben und überlappen, gehen mir erstaunlicherweise weniger auf die Nerven als das schimpfende Keckern der Elstern oder die ausdauernden „Gesänge" der Rabenkrähen. Mehr noch: Während meine Augen versuchen, den Kapriolen am Himmel, den Wellen in alle Himmelsrichtungen, in die Höhe oder zur Erde zu folgen, empfinde ich ein reines Glücksgefühl. Nicht weil noch

Sommer ist: Bewunderung für die kleinen Kerle und die Leistungen, die so ein Wesen erbringt im Lauf der wenigen Jahre, die sein Leben dauert.

Sie sind weg. Vergeblich der suchende Blick nach oben. Einer war gestern noch da. Ob er wohl den Weg, den Abflug findet?

Wie still es geworden ist!

Anna Maria Nagl-Lerch
Die Lieder eines Sommers

Die Lieder eines Sommers
trägt der Herbst in meine Stille
färbt leiser die Töne
die fernende Sonne
           zu samtblauem Klang

Brigitta-Lea Scherleitner
Warten ins Blech

Der Wasserhahn tropft.
Minuten rinnen
und klopfen auf Blech
und nerven das Ohr
von langsam
bis schnell.

Der Wasserhahn tropft
– Warten ins Blech.
Ich klopfe dazu
meinen eigenen Rhythmus
in Achteln, in Vierteln,
sogar in Triolen – genervt
bin ich nicht mehr.

Suse Schneider-Kleinheinz
Die solistischen Darbietungen der Familie Schneider

Zu einer Kirche gehört eine Orgel, zu einer Orgel ein Organist. Aber es ermangelt der Gemeinde eines Organisten! Es müsste eine dauerhafte Lösung gefunden werden.
„Ich will mich umsehen," versicherte der Pfarrer und fragte, ob ich jemanden wisse.
Ich verneinte.
„Dann seien Sie bitte hellhörig!"
Herr Pfarrer sah sich um, ich hörte hell, aber Organist kam keiner dabei heraus.
Was tut man nicht alles als gutwilliger Christ: Man ist immer dort Lückenbüßer, wo's gerade fehlt, und versucht, den Mangel auszugleichen.

Ich habe den Gedanken viele Monate lang hin und her geschoben, bis ich allen Mut zusammennahm – woher nur? Es war der Mut der Unwissenden –, blindlings alle Hemmschwellen vom Tisch fegte und nach dem Gottesdienst Herrn Pfarrer Reiser in der Sakristei vorschlug: „Wie wäre es, wenn ich das Orgelspiel lernen und den Dienst übernehmen würde?"

„Du, Heinz, stell Dir vor, ich könnte, wenn ich wollte, ganz umsonst auf Kosten der Kirche Orgelunterricht nehmen und Orgelspielen lernen."
Da klappt die Zeitung vom Gesicht. „Was, umsonst?

Du wärst ganz schön blöd, wenn du das nicht ausnützen würdest." – Und die Zeitung schiebt sich wieder vor sein Gesicht.

So. Eins zu null für mich. Anscheinend lernt man doch im Lauf vieler Ehejahre, wann und wie man beim Ehgespons argumentieren muss. Gudrun findet's höchst amüsant, dass die Mutter noch etwas zu lernen beginnen will, so wie sie in der Schule lernen muss.

„Hast du dann richtig Unterricht und musst Hausaufgaben machen?" fragt sie ungläubig. –

„Sicher, ich werde nun täglich üben." –

„Hast du bei einem Lehrer oder bei einer Lehrerin Unterricht?" –

„Bei einem Lehrer. Er heißt Hans Martin Kemmether."

„Ist er jung?"

„Das kann ich doch nicht wissen, Gudrun."

All das Spannende, Geheimnisvolle, das Rätselhafte einer neuen Begegnung, der Zauber eines Neubeginns lag über unserem Geplauder.

„Mir wurde gesagt," fuhr ich fort, „dass er an der Kirchenmusikschule in Esslingen seine Ausbildung gemacht hat. Vermutlich ist Augsburg eine seiner ersten Organistenstellen, und dann ist er ganz bestimmt jünger als ich." –

Da lacht sie: „Das ist aber lustig, wenn der Lehrer jünger ist, als das Schulkind."

Nach der ersten Unterrichtsstunde frisst mich das Mädchen mit seinen Fragen fast auf, während Wolfgang abwartend zuhört.

„Also Gudrun, er ist groß, schlank und hat dunkle Haare." –
„Lange?" unterbricht sie rasch.
„Aber nein," beschwichtige ich. –
„Wie lang?" –
„Kürzer als dein Zopf und länger als Vaters Haare." –
„Aha, dann weiß ich's. Wie sehen seine Augen aus?"

Mein Lehrer scheint für sie von gleicher Wichtigkeit zu sein, wie ihre Lehrer für mich. Fehlt nur noch, dass sie sich erkundigt, wann er Sprechstunde hat, damit sie hingehe und mal nachfrage, ob die Mutter auch aufpasst, und ob es Schwierigkeiten gebe.

Anders dagegen mein Mann. Trotz seiner anfänglichen Aufforderung, ging es ihm jetzt gegen den Strich, dass seine Verfügungsmöglichkeiten über ein braves Hausweibchen durch „aushausige" Interessen desselben geschmälert sein sollten. Das ging ihm fast an den Lebensnerv.

Eigentlich hatte ich gehofft, dass mein Üben einen besseren Erfolg zeitige. Manchmal verzieh ich mir mein langsames Vorankommen, wenn daraus nicht Stillstand oder gar Rückschritt wurde. Im Lauf der Zeit war ich des zufrieden, ließ mir's vergnügt genügen und arrangierte mich – mehr oder weniger notgedrungen – mit meinem Schneckentempo ein Jahr lang, – zwei, – – bis ein Aufruf aller Gemütlichkeit ein Ende setzte:
„Frau Schneider, ab erstem Advent übernehmen Sie

den Organistendienst in Kissing!" Also sprach Meister Kemmether an einem schönen Dienstag im November zu Beginn der Orgelstunde.
Luft weg. Spucke weg. Nichts anmerken lassen. Haltung bewahren. Neinsagen hatte ich nie gelernt.
„Wenn schon," schlug ich vor, ohne mit der Wimper zu zucken, „warum dann nicht gleich, also 14 Tage vor dem ersten Advent?"
„Gut. Ist mir recht."
Damit war das Organistenschicksal besiegelt.

Im Haushalt blieb vieles liegen. Es türmten sich zwei Wäschekörbe, einer mit Flick-, einer mit Bügelwäsche. Das führte bisweilen zu lauten Debatten beim gemeinsamen Abendessen. Die Kinder stupsten sich und stellten fest: „Vater sucht alte Sünden zusammen, weil er keine neuen findet."

Oder sie versuchten ihn aus seinen Klammern zu lösen und sich selbst aus der Bedrohung zu befreien mit der kessen Frage: „Vati, hat's heut im Geschäft einen Verweis gegeben?"

Als nichts, aber auch gar nichts, weder ein Ablenken noch Einlenken, weder Gegenrede noch Einsicht, weder Getöse noch mein Schweigen die Situation retten konnte, suchte ich ein Bollwerk in Form einer kurzen Aussage, die im Augenblick so irr ist, dass sie zugleich die einzig erlebbare Wahrheit birgt. Ich suchte nach dem allerverrücktesten Rechten.

„Du," probierte ich leise in einer Achtelpause zu sagen.
Er polterte: „Was ist los?"

„Weißt du, was – "
„Nun red' endlich und brauch' nicht immer so lang!"
„Ich hab dich lieb." – – (Ich sage es leise und ohne jegliche Betonung, damit sich ja kein falscher Unterton einschleiche.) Einen Augenblick lang ist Verharren.
„Was soll der Quatsch!" –
„Ist das Quatsch, dich zu lieben? Ich meine das ernst."
„Das kannst du zu jedem anderen Zeitpunkt sagen, aber nicht jetzt! So ein Krampf!" – –
„Du hast recht. Es ist ein Krampf ...!" –
„Blödsinn!" –
Dann wurde Ruhe. Ich wollte heulen, aber es ging nicht.

Anderntags Orgeldienst bei einer Beerdigung. Über den Friedhof zurück zum Auto. Auf einem Grabstein die Inschrift: ‚Die Liebe ist stärker als der Tod'. – Ich ändere das um: ‚Die Liebe ist stärker als das Leben', mein Leben.

Wir haben uns später aber schon wieder verstanden und in den Arm genommen, auch angesichts des Flickkorbs, der nach wie vor wegen lauter Orgelseligkeit nur sehr saumselig abgetragen wurde.

Als es Weihnachten wurde, standen mir familieneigene Nothelfer zur Seite. Wolfgang kam mit, um als leibhaftiges Posaunenregister die Choralmelodien mitzuspielen. Er hat diesen Dienst so manches Mal übernommen. Wenn er samstags mein Seufzen hörte: „Lauter neue Choräle! Wie soll das morgen gut gehen?" – dann konnte es sein, dass er anbot: „Weckst mich morgen früh, dann komme ich mit."

Neben mir auf der Orgelbank saß Gudrun und hielt für weihnachtliche Choralintonationen ihre und meine Blockflöte warm.

Den Vogel aber bei diesen Sonderdiensten schoss Heinz ab. Nicht nur, dass er korrekt Choral- und Liturgiebuch auf der Notenleiste der Orgel wechselte, Register zog und Verse zählte, ein Taschentuch hatte, wenn es mir fehlte, den Heizstrahler immer auf denjenigen richtete, der gerade fror, gewissenhaft aufschlug und umblätterte, wo es etwas zu blättern gab, kurz, mich dergestalt unterstützte, dass ich eigentlich fast nichts mehr zu tun hatte, als eben nur entsprechend der Noten die Orgel zu schlagen. Nicht nur, dass er während des Abendmahls den Ablauf des Geschehens überwachte, damit er mir Zeichen gebe, wann die Tafelmusik zu beenden sei, sondern er stellte sich auch noch an die Emporenbrüstung, das Gesangbuch in der Hand und sang kräftig mit, was ich spielte, Vers um Vers.

Von der Gemeinde war nicht viel an Gesang zu hören, eigentlich vielleicht gar nichts. Aber beim Abendmahl war das Singen während der Austeilung schon immer eine etwas spärliche und unsichere Sache gewesen. Aber mein Heinrich sang. Das war sicher genug.

Er gab mir das Zeichen das Choralspiel zu beenden. Schlussliturgie und Segen. Amen und Nachspiel. Fertig!

Dann kam Herr Pfarrer Reiser auf die Empore und bedankte sich schmunzelnd für die solistischen Darbietungen der Familie Schneider. Wir blickten

Fragezeichen.

Die Gemeinde, so erklärte er, habe offensichtlich, als sie Heinz so deutlich und voller Ausdruck und Andacht von oben singen sah und hörte, er allein, stehend, vorn an der Empore, ihn für einen Solisten gehalten und sich aufs Zuhören zurückgezogen.

So geschah es, dass Heinz ganz unverhofft zu solistischen Ehren kam, er, der immer behauptete, er könne nicht singen, er habe eine Stimme zum Rindfleisch essen und müsse erst noch mit Reißnägeln gurgeln, und was derlei Redensarten mehr sind.

Wir fuhren diesmal sehr vergnügt nach Hause.

Suse Schneider-Kleinheinz
Orgelpunkt

Die Ruhe der Musik
zieht magisch an
hüllt ein
löscht aus
die Zeit
mich.

Brigitta-Lea Scherleitner
Bajuschki baju

Grigori Grigorewitsch stand heute vor dem großen Kaufhaus. Hier würde er vielleicht mehr Zuhörer haben als gestern.

Seine Finger waren steif vor Kälte und konnten die Saiten kaum greifen, auch seine Bogenhand zitterte und brachte kein Legato zustande.

Last Christmas I gave you my heart dröhnte aus einem Lautsprecher und deckte die dünnen Violintöne zu. Grigoris Finger liefen aber weiter, waren Rosse, die den Weg wussten, auch wenn der Kutscher schlief.

Last Christmas I gave you my heart....

Letztes Jahr. Ich ging an der Brücke vorbei, da sah ich dich liegen, mit Zeitungen als Decke.

„Brüderchen", habe ich erschrocken gerufen, „bei dieser Kälte kannst du nicht hier bleiben, komm mit mir. Ich habe nicht viel, aber wir können es schaffen, zu zweit, irgendwie."

Du hast nicht reagiert, hast nur vor dich hingesungen. Immer dieselbe Strophe. Die Melodie geht mir seither nicht mehr aus dem Kopf.

Wenn nachts der Sturm ums Haus geht, Kind – bajuschki baju,

ist er zahm und tut dir nichts, mach die Augen zu.

Ich habe dich am Arm gepackt: „Komm, Brüderchen, komm, sonst machst du die Augen zu, für immer!

Heute Nacht wird es bitter kalt."
Da hast du dich mitziehen lassen.
Ach Sergej! Hatten wir nicht immer genug Tee für den Samowar und ein bisschen Wodka für die innere Wärme? Waren wir nicht wie Brüder? Ich mit der Violine, du mit deiner schönen tiefen Stimme.

Und dann sie – diese – Olga aus Omsk. Wie sie dich ansah, wie sie dich anhimmelte, da ahnte ich nichts Gutes. Die war viel zu alt für dich. Aber sie war reich; erzählte von ihrer schönen warmen Wohnung, von einem weichen Bett für einen wie dich.

Später habe ich dich überall gesucht, auch unter der Brücke, bin durch die abgelegensten Straßen gelaufen, habe alle gefragt, die dich kannten. Keiner hatte wieder von dir gehört.

Wenn nachts der Sturm ums Haus geht, Kind – bajuschki baju. Grigori schaute verwirrt um sich. Seine Finger lagen zwar noch auf dem Griffbrett, aber der Bogen stand still auf den Saiten. Inzwischen war es dunkel geworden.

Im abgewetzten Geigenkasten lagen einige Münzen und ein roter Knopf. Grigori nahm ihn auf, drehte ihn zwischen den Fingern hin und her. Sergejs Jacke hatte rote Knöpfe. Das konnte nicht sein! Oder doch?

„Endlich", flüsterte Grigori. „Ein Zeichen von dir. Du bist zurück, Sergej, Brüderchen. Nun wird alles gut."

Vielleicht hatte sein Freund den Schlüssel unter der Fußmatte gefunden, vielleicht wartete er in dem kleinen Zimmer schon auf ihn.

Grigori bückte sich, steckte die wenigen Münzen ein, die im Kasten auf dem Boden lagen, legte fahrig Violine und Bogen hinein, richtete sich mühsam auf. Auf einmal fühlte er sich leicht, so leicht. Die Kälte wich; eine intensive Wärme stieg rasch in ihm hoch.

Anna Maria Nagl-Lerch
Über silberne Meere

Über silberne Meere
spielt die Welle das Lied
Über die Steppen wiegt es der Wind
nach den kleinen, zarten Träumen
inmitten der Nacht

Yan Yan Ping
Ihre Augen glänzen

Ihre Augen glänzen – Tränen.
Ihre Augen sind weiß,
rosa weißlich,
wie mit Nebel überlagert,
dem Nebel der Vergangenheit.
Die Erinnerungen
reisen durch die Zeit,
tanzen im Schleier,
ohne Anfang, ohne Ende.

Schon streift den Schleier
der Tod.

Weit in den Tälern der Vergangenheit

Anna Maria Nagl-Lerch
Weit in den Tälern

Weit
in
den
Tälern
der
Vergangenheit
glimmert noch ein Wort
aus einem Kinderreim

ich trag es ans Licht

Heidi Mergener
Diese Augen

Wie eine Bombe schlug er bei mir ein! Wir waren wieder draußen und meine Cousine verstand die Welt nicht mehr. „Hast du die Sprache verloren? Bist du krank? Was ist plötzlich mit dir los?" Aber ich verstand nicht, warum sie nicht verstand. Sie hatte ihn doch genauso gesehen.

Auch zu Hause wunderten sie sich. Im Bett konnte ich ihn endlich ungestört noch einmal Revue passieren lassen. Diese Augen, dieses Lächeln, diese Zärtlichkeit. Behutsam schob ich das braun-weiße Programmheft unters Kopfkissen und vergoss heiße Tränen, denn ich wusste ja: Nie würde er mich so in seinen Armen halten wie Scarlett O`Hara. Der Abstand war einfach zu groß – räumlich natürlich. Die Jahre, die uns trennten, den amerikanischen Weltstar von der deutschen Sechstklässlerin, wären doch kein ernsthafter Hinderungsgrund gewesen.

Ich sammelte alles von ihm. Aussprüche, Fotos, Kritiken, Gerüchte, Starpostkarten. In Schwarz-Weiß oder Braun-Weiß. Anders gab`s ihn noch nicht. Und eines Tages prangte er als Titelbild auf unserer „Radio-Revue". Braun-weiß. Ich schnitt ihn aus, klebte ihn auf ein Zeichenblockblatt, fand tatsächlich den dazugehörigen Rahmen auf dem Speicher, strich ihn silbern an und – „Schauspieler gehören nicht an die Wand in einem geordneten Hause!" Mein Vater.

„Aber Odenthals haben ihn riesig überm Klavier hängen!" Die Familie meiner Freundin zog eigentlich immer. Diesmal nicht. War er eifersüchtig? Über so was dachte ich damals noch nicht nach.

Drea hatte eben mehr Glück. Nicht nur ihre Mutter schwärmte für Clark, sondern auch ihre große Schwester. Und die hatte ihm zum Geburtstag eine Tafel Schweizer Schokolade nach Hollywood geschickt und dieses Porträtfoto bekommen. Fast lebensgroß, und würdig gerahmt zierte es fortan das Kinderzimmer.

Zum nächsten Geburtstag schrieb ich ihm auch. Ahnte er wenigstens, wie viel Sehnsucht ihm da mit meinem mühsam aufgesetzten Brief ins Haus flatterte? Oder ins Studio? Bei nüchternerer Betrachtung wohl eher ins Sekretariat. Aber war ich nüchtern genug, um keine Hoffnung im keimenden Busen zu tragen? Nein – war ich nicht. Und ich wurde süß belohnt: Kein halbes Jahr später erhielt auch ich ein Foto von ihm, in der handelsüblichen Postkartengröße zwar, aber von ihm – von ihm selbst! – und mit Autogramm! Meine Mutter allerdings fing diese Kostbarkeit ab und hielt sie bis nach einer der gefürchteten Mathematikarbeiten unter Verschluss. Als hätte irgendein Umstand meine Noten in diesem Fach noch verschlechtern können ...

Doch es gab kein Pardon elterlicherseits. So, wie ich mir Clarks Konterfei nicht übers Bett hängen durfte, hätten auch seine Filme für mich tabu sein sollen, die meisten waren nämlich erst ab 16.

Und so holte Drea mich denn sonntagsmorgens nicht immer nur zur Kirche ab. Meinten meine Eltern aber. Oft genug vereinten wir uns an der nächsten Ecke mit ihrer Schwester, um im Sturmschritt eine Clark-Matinee anzusteuern.

Einfallsreichtum entschied damals noch über Sein oder Nichtsein. Auf Borkum war`s. Der Filmtitel: „Es geschah in einer Nacht". Meine Mutter und mich sprang das Kinoplakat gleichzeitig an. Und in meinem Hirn spulte augenblicklich ein ganz eigener Film ab: Übermorgen um acht – wie komme ich nur dahin? Nachmittags beginne ich am Strand zu kränkeln. Mir ist ja so schlecht. Nein, ich will mit den anderen nicht dünenspringen. Nein, ich habe auch keine Lust auf dieses Wunderschokoeis. Meine Mutter weiß nun: Ich bin wirklich krank. Am besten, bringe ich leidend vor, würde ich sehr früh ins Bett gehen.

Gudrun, gleichaltrig und Ferienfreundin seit Jahren, will Schauspielerin werden und liebt ihn wie ich. Sie muss sich nicht „gesund" schlafen. Ihre Eltern sind abends nicht da. Ausgemacht ist halb acht vorm Kino.
Um Viertel nach sieben befühlt meine Mutter zum letzten Mal eine kühle Stirn, hinter der es kocht. Sie ist besorgt über meinen beschleunigten Puls und zieht mir die Bettdecke bis unters Kinn. Was nur macht sie diesmal so erstaunlich arglos? Sie kennt ihre Tochter doch. Nicht erst beim Gutenachtkuss regt sich mein Gewissen.
Kaum aber habe ich hinter ihr abgeschlossen, heißt es: Raus aus dem Nachthemd, rein in die Klamotten, Lippenstift, großer Strandhut, die Haare halbseiden übers linke Auge geworfen. So – jetzt bin ich mindestens siebzehn!
Nun das Fenster. Ich habe lange geübt. Und tatsächlich: Es knarrt nicht. Ein Blick rundum: Weit und

breit keine Eltern. Ein Sprung ins Rosenbeet, leise das Gartentor zugezogen. Und dann um die Ecke gewetzt – zu Clark, Clark, Clark!

Gudrun, ungemein elegant mit Stola, langer Chanel-Kette, hochhackigen Schuhen. Ihre Mutter selbst sieht kaum besser darin aus.

„Kauf du die Karten", wispere ich ihr zu und ziehe mir den Hut noch eine Idee weiter ins Gesicht. Wir gehen zur Kasse. Ich gucke weg.

„Zweimal Sperrsitz", raunt Gudrun mit tiefenverstellter Stimme.

„Wie bitte?" Das ist die Kassiererin. Ich wage einen nervösen Blick.

„Zweimal Sperrsitz", wiederholt Gudrun einen Kick lauter mit diesem beeindruckenden Rauchertimbre.

„Nein, euch beiden verkaufe ich keine Karten."

„Was meinen Sie damit?" Immer noch dieses verruchte Stimmvibrato.

„Eure Ausweise bitte."

„Haben wir leider im Moment –"

„Spart euch das Theater. Die Mutter von einer von euch beiden war hier und hat euch gut beschrieben. Ich weiß, dass ihr erst vierzehn seid. Da nützt euch eure Verkleidung gar nichts."

„Eine Verwechslung!" Die Empörung lässt Gudruns Organ wieder auf seinen Normalton hochschnellen. Mein Herz rast im Halse, als ich so beiläufig wie möglich zu ihr sage:

„Offensichtlich eine Verwechslung – aber lassen wir sie, wenn sie unser Geld nicht will ..."

In würdevoller Eintracht entschreiten wir dem

Ort unserer so restlosen Niederlage.
    Sehr bald war ich dann alt genug. Da war er aber schon tot. Zu alt bin ich bis heute nicht für diesen Macho-Charme, diesen Eros, diese Lässigkeit, dieses Draufgängertum, diese Souveränität, diese Sensibilität, diese – einzige Leinwandliebe.

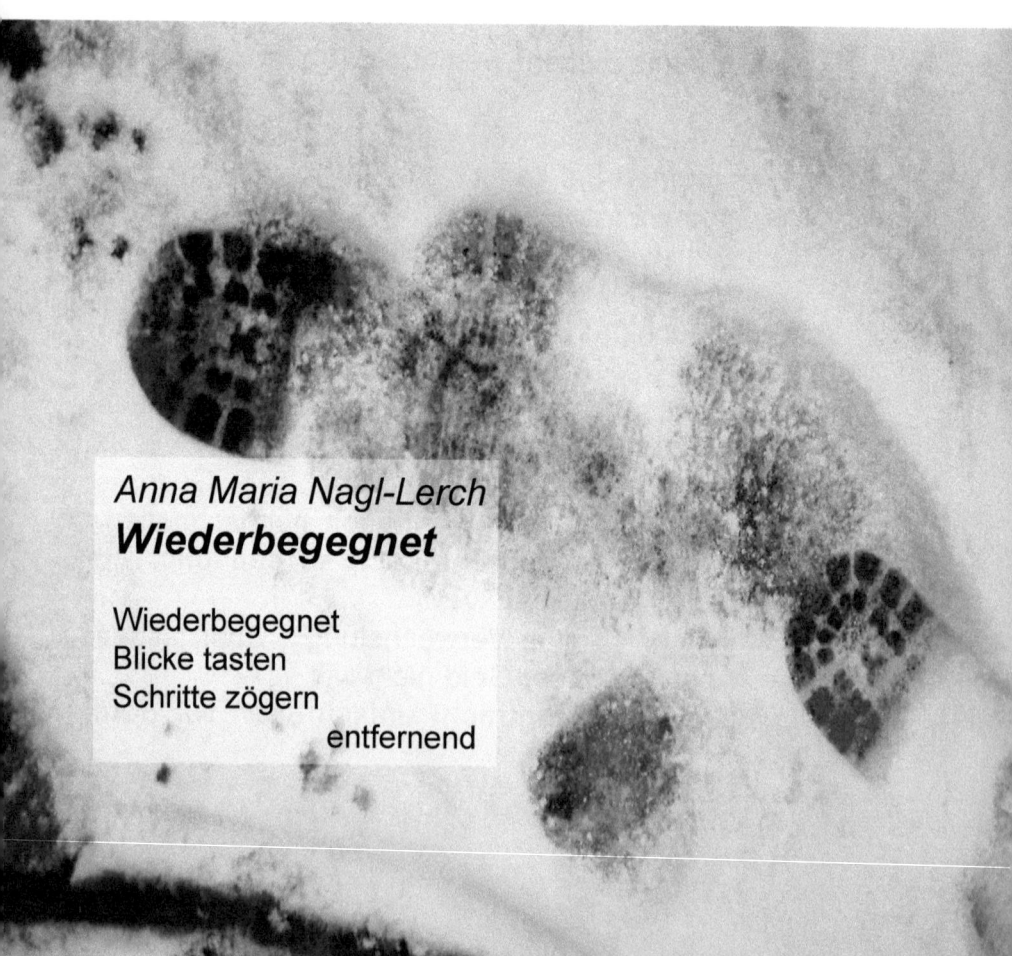

Anna Maria Nagl-Lerch
Wiederbegegnet

Wiederbegegnet
Blicke tasten
Schritte zögern
          entfernend

Brigitta-Lea Scherleitner
Lauft was ihr könnt

Ich weiß es noch wie heute, obwohl es schon so lange her ist ...

Nach zwei Stunden steiler Bergaufwanderung mit meinen Schülern kamen wir zu einer Almwiese. Die Kinder wollten eine Rast einlegen und sich mit Speck und Bauernbrot stärken. Die größeren Buben lagerten ein wenig weiter weg, die Mädchen suchten meine Nähe.

Auf einmal lautes Schreien. Ein Bub winkte heftig in meine Richtung und rief etwas, das ich nicht verstand. Schnelles Gebimmel, Kuhgebrüll, immer lauter.

„Mir miaßn weg" schrie ein Mädchen, „die Kiah san los. Wenn die amol rennen, werds gfahrlich."

„Zur Seite, rasch" rief ich, „alles liegenlassen, schnell lauft, was ihr könnt!"

Kinder spritzen nach allen Seiten weg, suchen Deckung hinter Büschen, einige Kleinere liefen noch, als ich schon meinen roten Wolljanker an mich riss.

„Bitte, lass es keine Stiere sein!"

Da donnerte schon eine Herde Kühe direkt auf uns zu, die Schwänze aufgerichtet, die Augen verdreht. Ich stellte mich ihnen in den Weg, schwenkte meine Jacke wie wild, schrie die Leitkuh an, „Hej, Hej, Hej! Weg da, weg, weg!" Ich erwartete schon den unweigerlichen Zusammenstoß, da machte die Leitkuh plötzlich dicht vor mir einen Schwenk und die Herde donnerte ihr nach.

Grasbüschel, Erdklumpen flogen nach allen Seiten. Und ich schrie weiter, bis die Tiere hinter der Hügelkuppe verschwunden waren. Da erst spürte ich, dass meine Knie heftig zitterten.

Den Anführer der Buben sah ich als ersten hinter einem Busch herauskommen. Andere taten es ihm zögernd nach. Während meine Augen weitere Schüler suchten, trabten ein paar Ziegen heran und stöberten in offenen Proviantdosen und Rucksäcken nach Fressbarem. Da löste sich in uns allen die Spannung. Wir ließen uns ins Gras fallen und lachten, lachten, bis uns die Tränen kamen.

Da kam ein Bauernbub zu mir, baute sich vor mir auf und sagte: „Lehrerin, des woasch aba scho. Des hat a schief giahn kennen."

Peter Inzen
Ich weiß genau, wie man Sie nennt

Im Gewühl der Wartenden auf den Bus nach Alajuela spricht mich jemand an: „Hola! Hallo Señor! Sehr angenehm! Sagen Sie: Welche ist Ihre Nationalität?
Wie? Keine? Ach, dann sind Sie – ähm, Moment! Gleich hab ich's. P – P – Pole!?
Ach so, nein. Polen haben ja Nationalität.
SIE nennt man anders!
Lassen Sie mich nachdenken!
Welche Sprache sprechen Sie? Mehrere?! Sieh mal an!
Aber wenn man keine Nationalität hat, muss man ganz schön viele Sprachen können, wie?
Ich weiß genau, wie man Sie nennt. Nur bin ich vergesslich geworden.
Jetzt fällt's mir nicht ein. Tut mir leid, Señor!"

Ratlos lässt er mich stehen.

Yan Yan Ping
Für M

Wenn ich auf der Brücke stehe
auf die Autobahn hinunter schaue
weiß niemand
wie sehr ich weinen möchte
Autos
ständig die Spur wechselnd
so wie mein Leben
an einem unbekannten Punkt endend
geräuschlos
                Halt mich fest
                Bitte, halte mich fest

Wenn ich unter der Brücke stehe
in die Stadt schaue
niemand weiß,
wie einsam ich bin
Häuser
lösen sich auf
in Stille
so wie mein Ich
hoffungslos
                Halt mich fest
                Bitte halte mich fest
                bis ich dich fühle

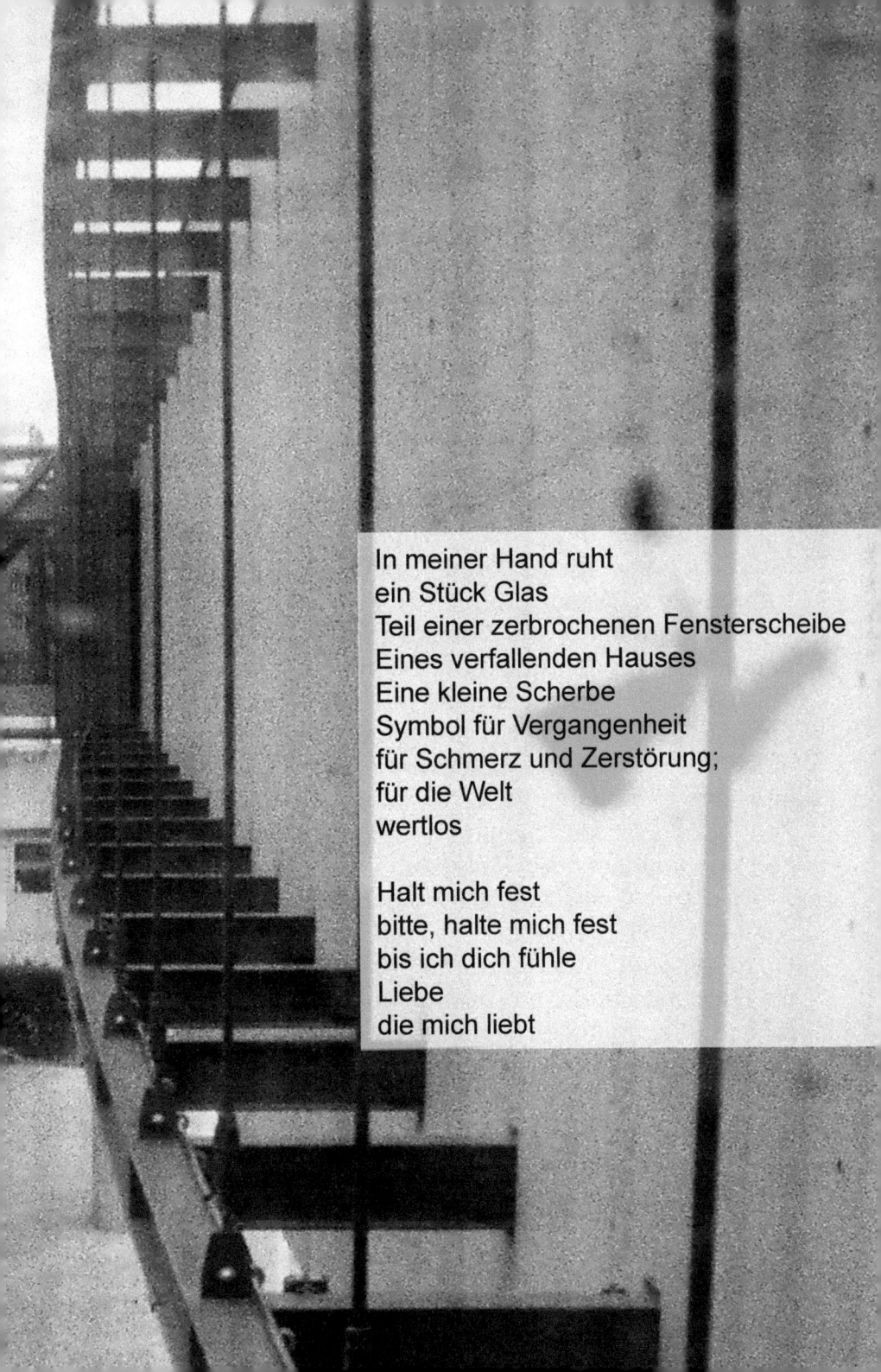

In meiner Hand ruht
ein Stück Glas
Teil einer zerbrochenen Fensterscheibe
Eines verfallenden Hauses
Eine kleine Scherbe
Symbol für Vergangenheit
für Schmerz und Zerstörung;
für die Welt
wertlos

Halt mich fest
bitte, halte mich fest
bis ich dich fühle
Liebe
die mich liebt

Suse Schneider-Kleinheinz
Zeitbogen[1]

Er sitzt mir gegenüber in seiner Wohnstube, er, einst Bauer auf seinem Hof, er, einst mein Lehrherr im ersten Jahr meiner Ausbildung.
Zu Lehrhofzeiten wurde sein Zimmer ‚die große Stube' genannt und war die gute Stube, mit dem angrenzenden ‚Stüble' durch eine leicht bewegliche Pendeltür verbunden. Vom Hof her kommend betrat man das Stüble gleich links nach der Haustür. Da war Werktag mit Mahlzeiten, Morgensegen und Arbeitszuweisung, Kinderlachen, Kindersorgen und Hausaufgaben, Näharbeiten, Wäsche bügeln und Socken stopfen, und beim Schlachten Speckwürfel schneiden auf den großen runden Backbrettern am dunkeleichenen Tisch mit den Messerkerben am Rand zum Halbieren der großen Brotlaibe. Ein Mädle, das ordentlich Brot aufschneide, nicht zu dick, nicht zu dünn, und auch nicht schief, so ging die Rede, könne heiraten. Liebe Zeit, haben wir Mädchen da geübt, bei jeder passenden und unpassenden Gelegenheit.

    Heute wird das Stüble nur noch selten und variabel für Notfälle benützt.

    In der großen Stube wurde besprochen, was über die Hof- und Landesgrenzen hinausging. Auch hier reges Leben mit allen Begleiterscheinungen.

    „Jetzt richte ich schon das fünfte Vesper her, und alle einzeln," seufzte Fritz Strempfers Frau.

---
1 Ausschnitte aus der Biographie Fritz Strempfer, Gründer der Bauernschule Hohenlohe (in Arbeit)

Da fuhr ein Auto in den Hof, und des Bauern Stimme scholl hinein zu jeder Tür: „Miez! Wo ist die Miez?" Jeder kannte diesen Ruf nach der Bäuerin. „Ich brauche noch mal drei!"

Und sie öffnete die nächste Wurstdose, schickte eines der Mädchen nach Most in den Keller und servierte; blieb kurz in der Stube, wie es der Anstand gebot und bat, sich verabschieden zu dürfen, weil sie Arbeit habe.

Es war damals, 1946/47, nahrhafter, Politik, Bau und Finanz auf dem Hof zu verhandeln, als im Büro oder in der Kanzlei in der Stadt.

Fritz Strempfer bietet heute seinen Besuchern einen Platz auf der gepolsterten Bank vor der Kachelofenwand beim niederen, rechteckigen Tisch an, während er einen Stuhl vom Esstisch heranrückt, auf den er mehrere Sofakissen von der Eckbank stapelt. „Weißt, dann komm ich leichter wieder hoch, wenn ich aufstehen will." Er sagt's, als wolle er eine solche, ihm nicht entsprechende Bequemlichkeit entschuldigen.

Munter wie eh und je sein Reden, rasch sein Gedankenflug und Erklären. Er ist damit einverstanden, dass ich mein Diktiergerät auf den Tisch stelle. „Mein Leben zu schreiben ist nicht wichtig. Schreib meine Gedanken!" befiehlt er.

Ich erwidere: „Hättest du denn ohne Erleben deine Gedanken entwickeln können? Muss ich nicht beides schreiben, weil das eine das andere bedingt?"

„Mach was du willst!" Das kommt befehlend, schroff, fast unwillig bei mir an. Aber er lacht dabei.

Ist's Magie?[1]

Er begleitet mich durch den dunklen Flur zur Haustür. Ich taste nach dem Lichtschalter.

„Der nützt nichts, sagt er, „die Birne ist kaputt."

Und augenblicklich taucht ein Erinnern auf von einem Februarabend 1947:

Eine defekte Glühlampe in seiner Hand, hochgehalten gegen das noch vorhandene Licht an der Deckenleuchte im Stüble.

Mit Vorsicht und Geduld, – oder ist's Magie? – keiner kann das so wie er, – versucht er, die abgerissene Glimmwendel wieder mit dem freien Ende zusammen zu bringen.

Drehen. Leise schütteln. Wenden. Nochmal.

Er hat's!

Nun so langsam, dass sich die labile Verbindung nicht wieder löst, und ohne die geringste Erschütterung den Sockel in die Fassung schrauben.

Die Lampe leuchtet auf.

„Jetzt müsst ihr halt aufpassen, dass sie nicht wieder kaputt geht," rät er Gertrud und mir. Wir beiden Lehrlinge sehen ihn zweifelnd an und fragen, wie man das macht.

„Vom ersten Stock aus sollte es keine Erschütterung geben. Trampelt nicht, wenn ihr oben seid, sonst geht denen, die unten sind, das Licht aus."

Ein pädagogischer Zeigefinger [1]

Bei den Mahlzeiten auf dem Strempferhof galt ein ungeschriebenes Gesetz: Es wurde nicht geschwatzt, nicht erzählt, sondern eben gegessen und nur gesagt, was dazu nötig war. Man besprach allenfalls die Arbeit der letzten und folgerichtig die der nächsten Stunden. Gäste, die sich noch nicht auskannten, versuchten ein Tischgespräch zu arrangieren, fanden keinen Widerhall und ließen's bleiben.

Aber ein Mal umging Vater Strempfer alle Regeln; er musste einfach los werden, was er gestern bei einer Familie im Nachbarort erlebt hatte. Dort wurde nur gestritten. Was er auch sagte, was er auch fragte, jedes Mal brach anstelle einer Antwort ein neuer Streit aus. Der Sohn kam dazu und stritt lauthals mit. Vater Strempfer versuchte zu schlichten, da wurde ihm fast die Tür gewiesen. Der Streit war ihre Umgangsform, ihr Lebenszweck, Lebenselixier.

Sohn Fritz beendete die Mahlzeit, indem er rasch aufstand und dabei seinen Stuhl nach hinten rutschte. Flink taten's ihm alle andern gleich. Lautes Poltern. Es war üblich, dass das Dankgebet von der Bäuerin im Stehen gesprochen wurde. Zuvor kurz stilles Warten, bis auch Vater Strempfer aufgestanden war; er konnte das nicht mehr so schnell. Und in diese Stille hinein erhob er seinen pädagogischen Zeigefinger – er konnte ihn nicht mehr gerade strecken, er erhob ihn etwas gerundet –, wippte mit der Hand und beendete seinen Bericht bedächtig mahnend: „Ja, ja, Dummheit is e Gottsgab, awer mr därf's net missbrauche."

Suse Schneider-Kleinheinz
Eine Kerze angezündet

Es ist Zeit,
dass wir anders
dich begleiten,

Zeit,
dass wir anders
mit dir gehn,

so wie du nun
anders gehst
in einer anderen Zeit.

Es ist Zeit,
dass wir mit andern
Augen dich sehen,

Augen,
welche rückwärts blickend
vorwärts tasten,

die blind sind
beim Vorwärts-sehen
in deine Zeit.

Es ist Zeit,
dass wir in andern
Räumen dich wissen,

Räume,
die wir noch nicht finden,
die vielleicht

– hinübergleitend –
der Schimmer
jener Kerze kennt,

die,
seit es Zeit ist,
bei uns brennt.

Yan Yan Ping
Wài pó – Oma

Oma
der Boden vor der Tür ist sauber geputzt
der Wind blies den Briefkasten auf
alles erzählt deine Vergangenheit.

Oma
der Klang der Mahjong-Steine ist verflogen
der Streuner ist wieder in die Küche eingedrungen
er hat den Fisch, vor 20 Jahren gestohlen, zurückgebracht.

Oma
der Polizeiwagen,
der vor unserem Garten stand, ist weggefahren
der Kürbis hat geblüht
der Hahn kommt wieder zu Besuch,
wartet, dass du ihn wegjagst

Oma
seit du nicht mehr hier bist
kann ich dein Zuhause nicht mehr sehen
ohne dich
kann ich keinen Schatten finden

Brigitta-Lea Scherleitner
Die Stimme

„Wieder nichts richtig gemacht!" Tom schlug sich mit der Hand auf den Mund. Bisher waren die Kommentare und Befehle nur in seinem Kopf gewesen. Lästig, aber auszuhalten. Aber jetzt? War das eben seine Stimme gewesen, die er hörte?

„Gedanken, nur Gedanken, ich spreche laut mit mir selber", versuchte er sich zu beruhigen.

Da – wieder ein Vibrieren im Kehlkopf, etwas kroch den Hals hinauf, ein kurzer Würgereiz, etwas füllte den Mundraum aus, drückte die Zunge nach unten, zwang die Lippen brachial auseinander.

„Was für ein Versager du bist", brach es höhnisch aus ihm heraus.

Tom presste die Kiefer zusammen, um die Stimme abzuwürgen. Seine Finger wurden eiserne Klammern, die die Lippen zusammen quetschten.

Er rannte zum Spiegel.

„Warte nur", begann die Stimme in seinem Kopf. Sie verließ die neutrale Frequenz und wurde schrill.

„Mich wirst du nicht los!"

Tom hielt sich die Ohren zu.

„Zwecklos", kreischte die Stimme.

„Ich – bin – nicht – verrückt", sagte er fest zu seinem Spiegelbild. „Ich – bin – normal!"

„Normal", höhnte die Stimme, die aus seinem Mund kam, „wer ist schon normal?"

Das muss ein Traum sein, dachte Tom. Gleich bin ich wach und alles ist gut.

„Drückst du dich schon wieder?"

„Du Bist ein Nichts!" stand quer über den Spiegel geschrieben.

Tom wischte über das Glas – die Wörter blieben. Er schloss die Augen. Er war wieder in der Abstellkammer mit den großen dunklen Schränken, in die er wegen noch so kleiner Vergehen gesperrt worden war, trat in seiner Verzweiflung dagegen, während er zu rezitieren begann, wie er es immer gemacht hatte, wenn Angst ihm die Luft nahm.

„Hat der alte Hexenmeister sich doch einmal weg begeben..." und während sein Mund selbsttätig das Gedicht weiter sprach, hörte er Holz klirren.

Wieso klirren sie, dachte Tom, wurde Zauberlehrling, seine Hände verwandelten sich in eine Axt, er schlug damit auf den tanzenden Besen ein, der zu Boden ging und sich teilte, kämpfte gegen das tanzende Doppel der Schrift auf dem Spiegel, bis der alte Hexenmeister auftauchte und mit einer gebieterischen Geste dem Spuk ein Ende bereitete.

Tom öffnete die Augen. Er sah Spiegelscherben ringsum über den Boden verteilt, er sah die Schnittwunden an seinen Händen. Er stand da, lauschte... nur Stille, wohltuende Stille.

In den Hinterhöfen einer Kindheit

Anna Maria Nagl-Lerch
Zu Taglicht schwanden die Giebel

Zu Taglicht
schwanden die Giebel
über einem Sommer, der kam
so flüchtig und zart
ein Sonnenlied
in den Hinterhof einer Kindheit sang

Peter Inzen
Worum geht es?

„*(Es) wird als Prädikat eines Satzes in je 3 Personen des Singulars und Plurals, sowie in verschiedene Zeiten (also: Gegenwart, Vergangenheit, Zunkunft) konjugiert, wobei die tätige oder leidende Anteilnahme des Subjekts durch Aktiv oder Passiv, die tatsächliche Aussage durch den Indikativ, die mögliche durch den Konjunktiv ausgedrückt wird.*"

(aus: Meyers Großes Handlexikon, 1972)

Kind: Oma, mia hom heid fast koa Hausaufgab auf.
Oma: Dua du fei ned liang, Bua! Ia hobds do sonst aa imma wos auf!
Kind: Dooch, Oma. Mia soin heid blos rauskriang, warum des Zeidwort ZEITWORT hoast. In da Klass hods fei koana gwust. Und do hods Freilein gsogt, ...
Oma: Und, wiaso hoasts nachad a so?
Kind: Ja, des woas I doch ned, Oma.
Oma: Wei'st oiwai ned aufbassd in da Schui. Des wean ma glei ham!
(Oma war eine tatkräftige Frau. Sie öffnete das Küchenfenster und rief quer über die Strasse zum gegenüberliegenden Haus.)
Oma: Frau Bartl!! Frau Bartl, schauns doch amoi raus! Dadn Sie des jetza wissen? Wiaso hoastn des Zeidwort ZEIDWORT?
Bartl: Warum soi i jetzad nacha so was wissen?
Oma: Da Bua hod des heid ois Hausaufgab. Wos sangs jetza?
Bartl: Jaa geh weida! Sowas leanan de scho in da zwoatn Klass? I wissads fei ned. Uns hod des

doch neamands beibrochd. Und gworn is
trodzdem wos aus uns, nedwahr!?
(Oma ließ sich ihren Schwung nicht nehmen.)
Oma: Bua, ziag d'Schua o! Mia frong d'Nachbarn im
Hintahof.
Oma: Frau Meichlbeck!
(rief sie eine Nachbarin auf den Balkon heraus)
Oma: Frau Meichlbeck, stelln Sie si vor, wos des
Kind ois Hausaufgab midbrachd hod: Warum
hoasd denn des Zeidwort ZEIDWORT?
M'beck: Jessasmariaundjosef!! 's Zeidwort?
(Die arme Kriegerswitwe reagierte sichtlich irritiert,
musste erstmal ihre Brille aus der Küche holen)
M'beck: Sie! Am Schluss is des wiedaramoi a so
a Modewort, des vo Zeid zu Zeid aufkummt.
Aba mia do heraussn kriangs oft gar ned mid.
Gell?! Aba wissen S' wos, leitn S' doch ganz
obn, bei der Menhard! Dea ihra Schwiegasohn
is Ingeniör. De kannt so was glatt wissen.
(Anstatt jedoch dort zu klingeln, sprach Oma eine
ältere Frau an, die im Hof Holzscheite und Reisig
aufstapelte)
Oma: Griass Eana, Frau Spitzlberger! Hom jetz Sie a
Idä, warum des Zeidwort ZEITWORT hoast?
Da Bua hods heid ois Hausaufgab midbrachd.
Aba glam S' ja ned, dass des a nua oana woas!
Spitzlb.: 's Zeidwort ZEIDWORT? Mei, was de
heidzudog ois leana miassn!
Geh her, Bua, krieagst erst amoi a Gejbe
Ruam. Hobs grod ausm Gartn rausghoit.
Auwaukerl! Mid wasz ihr eia Zeid vabringa
miasts! So leichd is de Frog ned. Da brauchad

i scho a Zeidl, bis i draufkim.
Aba schaugts, wea do drüm voabeigäd: Dea is doch oiwei füa a Meinung guad. Warum frogtsn ned den?!
Oma: Jaa, der Herr Gesäß!! Ham S' schnell a bissl Zeid, Herr Gesäß? Was moanan denn Sie? Warum hoaßtn des Zeidwort ZEIDWORT?
Gesäß: Und – weiß er es nicht?! Hat er wohl nicht aufgemerkt in der Klasse?!
Kind: Doooch. Aba mia soitatn de Grossn frang, dahoam.
Gesäß: Ja, nun, ich würde sagen: Weils so ist. Das muss man eben lernen! Die sollen nur was lernen, die Kinder! Für das Leben lernt man, und nicht für die Schule, nicht wahr?! Es gab ja Zeiten, da habe ich das alles gewusst und solche Fragen aus dem FF gelöst. Aber ich muss jetzt hurtig weiter. Ich grüsse Sie!
Oma: So, Bua, höxde Zeid is fuas Mittagessn. Mit leerem Bauch kannst ja gar nix leana. Und nextsmoi passd bessa af in da Schui! Wo ka madma denn do hi, wenn ma dia oiwai de Hausaufgabn macha miassad?!

Irmgard Osterrieder
Erinnerung

Das erste Buch, an das ich mich erinnern kann, kam von meiner Mutter oder einer meiner Tanten auf mich. Es hatte große Druckbuchstaben und farbige Illustrationen. Es hieß „Fridolin der Tausendfüßler".

Fridolin der Tausendfüßler merkt, dass es Winter wird, kalt; er friert an seinen tausend Füssen. Deshalb will er Stiefel haben; er geht zu einem Schuhmacher, der ihm erklärt, man könne Stiefel nur auf Bezugsschein bekommen.
Also sieht man Fridolin vor einem Schalter mit vielen anderen Leuten stehen; endlich ist er dran und bekommt seinen Schein. Darauf steht „Alle 2 Jahre ein Paar".
Die letzte Seite zeigt Fridolin, halb aufgerichtet, mit einem Paar Stiefel an den Füssen. Mit verzweifeltem Gesicht sagt er: „Tausend Jahre barfuß laufen / Da muß man sich die Haare raufen!"

Hat dieses Buch viele Fragen provoziert? Wahrscheinlich, aber sicher bin ich mir nicht. Der arme Fridolin – denn selbst wenn er die Stiefel nicht immer am gleichen Paar Füße trägt, so friert er doch an allen anderen sehr erbärmlich.
An mein Mitleid erinnere ich mich noch sehr gut.

Peter Inzen
Ein Wunder?

Am Fahrradständer vor dem S-Bahnhof stehen zwei Zeugen Jehovas und halten mir starr die Titelseite ihrer „Wachturm"-Zeitschrift entgegen. Ich werfe ihnen ein flüchtiges „Hallo!" zu und lese im selben Moment „Wer ist eigentlich Jesus?" Auf ein Gespräch will ich mich – wieder mal – nicht einlassen, denn ich besuche meine Freunde, die mich bereits erwarten. Außerdem: Wer weiß schon, wer und wie Jesus tatsächlich war?!

Helga und Kalle begrüßen mich in ihrer neu renovierten Wohnung, aus der mir der Duft frisch gebackenen Kuchens entgegenzieht.

Die kleine Jenny ist jetzt vier Jahre alt und sie hat eine sehr christlich engagierte Patentante, von der sie kürzlich zu einer ersten Bibelstunde mitgenommen wurde. Jenny erzählt stolz davon – wenn auch etwas wirr. Es muss jedenfalls um Jesus gegangen sein und um Wunder.

Helga kommt beim Kaffeeplausch auf ihr kürzlich gestohlenes Fahrrad zu sprechen: „Ein uralter Klepper, rostig und wackelig, zu nichts mehr zu gebrauchen, außer für die 500 m zwischen U-Bahn und Arbeitsstelle. Völlig unverständlich, wer so was klaut! Und warum? Unfassbar!"

Da kommentiert Jenny in wissendem Ton: „Das war Jesus!"

Heidi Mergener
Geruch meiner Kindheit

„Jahrelang noch", sagte meine Mutter später. Es wurde uns zum allgegenwärtigen Geruch. Er drang durch die Türritzen ins Wohnzimmer, in die Kochnische und den Flur; er nistete in all unseren Kleidungsstücken.
Und ausnahmsweise war es mein Vater, der mich rettete. Er jätete Unkraut zwischen den Tomaten, den Kohlköpfen, den Zwiebel- und Kartoffelreihen. Für Blumenrabatten war kein Platz. Noch ging es ums Sattwerden.
Manchmal sang ich abendelang bei angelehnter Schlafzimmertür meine Lust am Leben heraus. Eigenstrophiges Jubilieren pünktlich ab acht und kein bisschen müde. Das schwindende Sommerlicht fiel durch die Spalten der Fensterläden.

Aber heute sang ich nicht. Die Großmutter war da. Die andere. Von ihr hatten wir den „guten" Teppich, den mit den abgewetzten Stellen und den unvollständigen Fransen, die meine Mutter jeden Samstag nach dem Putzen und Bohnern kämmte. Die vornehmen Stühle mit den braunen Lederrücken und den eingehämmerten Goldknöpfen waren auch von ihr. Mit deutlichen Benutzerspuren, aber meine Eltern waren dankbar für jedes Möbelstück. Diese Großmutter hätte sich nie auf unsere Couch gesetzt, an der die Federung durchhing und die beim Klopfen immer noch ein bisschen Trümmerstaub abgab.
Für meine Mutter war sie die Schwiegermutter. Gegen die mein Vater sie durchgesetzt hatte.

Evangelisch. Das war unüberwindlich.

Sie sprachen leise. Ich spitzte die Ohren, verstand nur Bruchstücke. Dann etwas lauter: „Die Tür muss geschlossen werden." Das war die Großmutter, und: „Sie ist es gewohnt –", meine Mutter. Dann wieder die Großmutter: „ ... Kinder nicht verwöhnen ..." Sehr energisch kam das, und dann wurde meine Tür geschlossen. Ich kniete mich ins Bett und öffnete sie wieder und hörte: „ ... meine Söhne – ganz anders ..." Bevor meine Mutter diesmal die Tür schloss, erklärte sie mir: „Die Tür muss heute Abend zu bleiben. Die Omi möchte das so."

Und wieder richtete ich mich auf und öffnete sie, so leise ich konnte, hörte nun meine Mutter: „ ... ich kann ihr doch nicht einfach die Tür ...", und es schwang jetzt etwas in ihrer Stimme davon mit, wie sie meinem Vater zugerufen hatte: „Nicht das Kind! Nicht das Kind!", und ihm in den Arm gefallen war. Widerworte von mir konnten ihn schnell erzürnen. Das war am Dienstag gewesen und heute war Freitag. Die Großmutter unterbrach sie nun scharf: „Wenn du es nicht kannst", und ich hörte ihre Schritte näher kommen, „mach ich es!" Und diesmal zog sie die Tür zu.

So wollte ich nicht schlafen! Ich stieg aus dem Bett und schlich über den kühlen Steinfußboden. Im Stehen ließe sich die Klinke bestimmt so leise herunterdrücken, dass sie es gar nicht merkten. Die Großmutter sagte gerade: „ ... auf dem Kopf herumtanzen ...", schon stand meine Mutter drohend vor mir: „Schluss jetzt! Du hörst doch: Die Tür bleibt zu!" Und sie ließ sie ins Schloss knallen.

Noch nie hatte ich bei geschlossener Tür einschlafen müssen! So einsam in diesem großen Raum. Das sollten sie nicht mit mir machen! Übermächtiges packte mich, und ich tat etwas, mit dem ich mir Gehör verschaffen wollte. Und wirklich hörten sie mich.

Die Tür flog auf. So außer sich hatte ich meine Mutter noch nie gesehen. Ein Blick auf die Scherben am Boden, sie riss mich hoch, und durch mein Entsetzen hindurch spürte ich ihren schrecklichen Zorn, als sie mich jetzt auf ihr Bett warf und begann, mir den nackten Hintern zu versohlen, während die hinter ihr her stürzende Großmutter rief: „Ich helf' mit!", und nun beide auf mich eindroschen.

„Was macht ihr mit dem Kind?! Sofort aufhören!" In der Tür mein Vater. Meine Schreie hatten ihn im Garten alarmiert. Und sie ließen von mir ab. Meine Mutter setzte sich matt aufs Bett, schluchzte: „ ... die Nachttischlampe – und das Parfum – das kostbare alte Parfum."

Irmgard Osterrieder
Ibidum

„Hoi amoi um a Zehnerl a Ibidum!" Der um vier Jahre ältere Cousin, der wie ich tagsüber bei der Großmutter lebte, gab mir ein Geldstück.
„Wos is n des?"
„Des siegst na scho!"
Brav bin ich losgezogen. Damals, ich war sechs oder sieben Jahre alt, gab es noch viele Kramerläden in unserer Gegend. Natürlich ging ich zuerst zum Hiebler, gleich um die Ecke.
„Griaß God, Frau Hiebler, i hätt gern um a Zehnerl a Ibidum!"
„Was wuisst? Naa, so was hab i ned!"
Das war nicht weiter verwunderlich, es war ein sehr kleines Geschäft, und sie hatten oft das nicht, was man brauchte. Also bin ich weiter zum Gabriel, dort kauften wir ab und zu ein, aber auch sie hatten es nicht.
Im dritten oder vierten Geschäft hat sich jemand meiner erbarmt und mir erklärt, heute sei der 1. April, mich also jemand in den April schicke, und das Ibidum würde „I bin dumm!" bedeuten.

Ich war so entsetzt und verletzt, der Heimweg dauerte mindestens doppelt so lange – sie sollten nicht sehen, dass ich geweint hatte! – wie die Suche nach dem mysteriösen Ibidum.
Ja! Ich war wirklich dumm.
Wahrscheinlich habe ich auch die 10 Pfennig zurückgegeben ...

Irmgard Osterrieder
Willkommen

Schmeichler
Gleich-Macher
Vorgaukler
Konturen-Verhüller
Distanz-Verschlucker
                    Willkommen Dezembernebel

Heidi Mergener
Folgen

„Hörst du´s? Das ist der Nikolaus." Die Großmutter hatte es geflüstert. Und wieder war da der Glöckchenton von der dezemberdunklen Straße. Wo konnte ich mich nur verstecken? Ein bisschen Zeit blieb mir noch. Zu mir sollte der Gefürchtete erst am Abend kommen.

Aber die Pantoffeln auszuräumen rettete mich damals nicht. Meine Mutter fand sie hinter den Tischdeckenfransen und holte mich dann wieder aus dem Schuhschrank. Und so stand der Unentrinnbare mit Knecht Ruprecht abends vor mir. Doch gleich als er seine Stimme erhob, rief ich erstaunt: „Das ist ja Schwester Helene!" Und sie: "Wer bin ich?! Ich bin der Nikolaus!", und ließ ihre Rute empört, aber auf dem Tisch ein wenig daneben und meiner Mutter direkt auf die Finger sausen.

Das war jetzt zwei Jahre her, und diesmal saß ich unausweichlich vor dem Echten, Helga Sondermann neben mir. Wir waren übrig geblieben. Unsere Mütter standen vorn an der Tür, aber ich sah nur den Bedrohlichen mit seinem schneeweißen Bart und den buschigen Brauen, diesem hohen Hut und dem Mantel aus rotem Samt.

„Was steht da geschrieben?" wandte sich der Schreckliche an meine Freundin. Sie war also vor mir dran, und ich musste von den vielen Kindergartenkindern bis zuallerallerletzt vor ihm zittern.

Aus dem gewichtigen goldenen Buch vernahmen wir: „Helga hat im Sommer", und die Stimme fuhr bedrohlicher fort, „auf dem Weg hierher in die Hose gemacht und sie nebenan über einen Busch gehängt –"

Entsetzlich – nichts war ihm verborgen geblieben – er wusste alles, genau wie der liebe Gott.

Ich sah aus den Augenwinkeln, wie Helga vor sich auf den Boden starrte.

Irgendwie aber schaffte auch sie es nach draußen, und nun saß ich ganz allein in dem großen Stuhlkreis, dem sie alle entkommen waren.

Der Nikolaus blätterte eine weitere Seite um. „Du bist also die Heidi Mergener?"

„Ja."

„Und ich lese hier, dass du noch immer am Daumen lutschst?" Nun wagte ich nicht mehr, ihn anzusehen.

„Stimmt das denn, dass du noch immer am Daumen lutschst?" Ich schämte mich so, dass ich nur nicken konnte. „Und dass die Mutti dir nachts Handschuhe anziehen musste, um es dir abzugewöhnen? Und du sie ausgezogen und weiter am Daumen gelutscht hast?" Er fuhr erst fort, als ich wieder zu meinen Knien hintergenickt hatte.

„Und Senf musste die Mutti dir auf den Daumen streichen, und du hast ihn abgeleckt, und sogar einen Verband hat sie dir angelegt, und du hast ihn abgewickelt und weiter am Daumen gelutscht. Schämst du dich denn nicht dafür?" Ich konnte die Tränen nicht zurückhalten. Und so tropften sie auf die Herzen im neuen Pullover, den meine Mutter mir zum Nikolaustag gestrickt hatte.

„Wenn ich im nächsten Jahr zurückkomme, darf das aber nicht wieder hier in meinem Himmelsbuch stehen. Sonst wird der liebe Gott sehr böse." Ich sank noch ein Stückchen mehr in mir zusammen.

„Versprichst du nun, brav der Mutti zu folgen und nicht mehr am Daumen zu lutschen?" Meine Antwort ging in meinem Schluchzen unter.

Aber er verstand mich wohl, denn endlich sagte er zu mir, auch ich dürfte jetzt zu ihm kommen und mir etwas bei ihm abholen.

Als meine Mutter mir den Mantel zuknöpfte und die Angoramütze mit den Ohrenschnecken aufsetzte, war ich eine andere geworden. Mein Daumentrost hatte sich in Angst verwandelt. Die neue Zuflucht hieß Nägelkauen.

Brigitte Berger
So ist es gewesen

Sie hasste ihn. Ich hatte Angst. Ja keinen Unmut erzeugen. Ihm gefallen. So sein, wie er mich haben wollte. Nett und freundlich. Hilfsbereit. Unsichtbar.

Die Überfälle kamen aus dem Hinterhalt. Unversehens. Hart und durchschlagend. Es brauchte manchmal nur ein Wort. Ein harmloses kleines Wort. Ein winziges Widerwort. Karin hatte ein sehr feines Gespür, wann der richtige falsche Zeitpunkt dafür war. Es gab kein Entkommen, denn was sie traf, traf auch mich – mit voller Wucht. Es gab kein Du und kein Ich. Es gab nur Ihr. Ihr seid, ihr macht, ihr, ihr, ihr.

„Geh endlich aufrecht!" Unverhofft traf sie der Stoß zwischen den Schulterblättern, so dass sie ein Stück weit torkelte. Sie nahm es hin, stoisch wie so oft. Was konnte sie schon gegen ihn ausrichten? Mit dreizehn wurde sie immer dicker und zog stets die Schultern hoch. Rühr mich nicht an. Sieh mich nicht an. Hau bloß ab. Vater!

„Was ist das wieder für ein Fetzen? Trag endlich Rock und Bluse, du siehst aus wie ein Trampel! – Und die Haare! Steck sie endlich hoch!"

Als ich mir meine Schwester in Rock und Bluse mit Hochfrisur vorstellte, musste ich laut lachen und hatte auch schon seine Hand im Gesicht. Lachen war nur erlaubt, wenn auch er lustig war. Ansonsten Achtung. Zurückhaltung.

Ab ins Land der Träume und des Friedens. Während unserer ganzen Kindheit und Jugend teilten wir ein

Zimmer, obwohl viel Platz im Haus war. Kontrolle. Vertrautheit und Nähe. Geschichten. Erdacht und erlebt. Tränen flossen, doch alles wurde gut. Anfangs waren es Märchen mit Feen, Monstern und wilden Tieren, später abenteuerliche Liebesgeschichten. Was für ein Glück, wenn wir zusammen unter der Decke steckten. Urlaub vom Tag. Urlaub von ihm. Hörten wir Schritte, sofort Sprung zurück ins eigene Bett. Manchmal nicht rechtzeitig, aber gesagt wurde nichts.

Als Karin mit siebzehn heimlich einen Freund hatte, war ich ihre Komplizin. Spaziergang zu zweit – von wegen! Ich war dabei. Tanzstunde – ich holte sie ab. Doppelpack.

Kirmes am Nachmittag, die Jugend traf sich beim Autoscooter, auch wir waren da. Und Karins Freund Conny. Wir sahen den weißen Ford Taunus nicht rechtzeitig. Konnten nicht mehr unauffällig in der Menge verschwinden. Erkannt und aufgespürt. Es traf uns völlig unerwartet.

„Einsteigen!" kommandierte er und erhob die Hand, als wolle er uns schlagen. Karin und ich gingen zum Auto. Verhaftet. Abgeführt. Fassungslos. Wir sind eine Familie, da haben andere keinen Platz. Mädchen, die mit Jungen an der Ecke stehen, sind Menscher, Huren, Schweine. – So ist es gewesen.

Heidi Mergener
Schuldgeschmack

„Rot – blau – Pollacksfrau! Rot – blau – Pollacksfrau!": gebrüllte Entlarvung für jeden, der die falschen Farben hintereinander auf den Glasperlenfaden gezogen hatte. Übermütig waren wir und laut, und Finger auf den Mund, wenn es zu wild wurde. Vierzig Kinder.

Aber da war auch das andere. Manchmal schmecke ich es wieder. Heimweh. Das Frühstück damals, ausgepackt jeden Morgen aus der Butterbrottasche; braunes Leder, gerillt und hart, um den Hals gehängt. Eine Metallschnalle zum Drehen.

Tische mit grünen Platten, Stühle mit ausgeschnitzten Herzen im Lehnteil. Alles kindgerecht niedrig. Vor uns Metallkannen mit Muckefuck aus dem Haus von Pastors.

Und Stille beim Essen, als meine Mutter hereinkam. Den Beitrag bezahlen, denke ich heute.

Und der Geschmack – nach Margarine und Graubrot und Muckefuck und tiefer Scham für die Schläge vorhin, das Böse in mir. Dazugehören! Wieder dazugehören! Zu diesem hellen Sommerkleid, ihrem Lachen. Nur wenige Meter zwischen uns, aber unbeweglich, ich, diese Not im Mund, dieses Heimwollen zu ihr, und unbeweglich. Und Schlucken statt Schreien.

Zerfranste Lebensfäden

Brigitta-Lea Scherleitner
Zerfranste Lebensfäden

Zerfranste Lebensfäden
suchen nicht
das Immerwieder.
Ein kleiner Abstand
reicht schon
für den Neuanfang

Brigitte Berger
Brauchbar

Acht bis siebzehn Uhr: Aufträge entgegennehmen, Wünsche von den Augen ablesen, sich höflich verhalten. Zuarbeiten. Nettes Lächeln. Sie ertragen und ja nicht frech werden. Das Studium längst vergessen. Zuarbeiten. Sie ist der Boss. Gescheit sein auf Befehl und nur wenn es der Sache dient. Sonst Zurückhaltung. Traumsekretärin.
  Irgendwann würde ich ihr den ganzen Kram vor die Füße schmeißen und sie eine dumme Kuh nennen. Doch was dann? Ohne Arbeit und schon über fünfzig.
  Achtzehn bis zweiundzwanzig Uhr: Aufträge entgegennehmen, Wünsche von den Augen ablesen. Zuhören, Küche aufräumen, Wäsche sortieren. Einfühlsam sein. Liebes Lächeln. Ihn ertragen und ja nicht egoistisch werden. Dem Kreativen in ihm Raum geben. Zuhören. Ideen geben. Zuhören. Erotisch sein, aber nur wenn er nicht müde ist. Sonst Zurückhaltung. Traumfrau.
  Ich würde gehen und ihn einen emotionalen Schmarotzer nennen. Aber wann, wohin? Ohne Geld? Alles war genau abgestimmt und festgelegt. Sein Geld, mein Geld passten gut zusammen und ermöglichten ein angenehmes Leben. Schöne Wohnung. Urlaub und Vergnügen. Traumpaar.
  Mutig sein Leben in die Hand nehmen. Hasenfuß.
  Würde ich es ihm heute sagen? Aber was genau? Dass ich ihn und alles andere satt habe? Dann geh doch. Geh! Eigentlich habe ich es doch gut.

Körperlich fit. Dach über dem Kopf. In Lohn und Brot.
Fremd, so fremd ist mein Leben. Ich bin doch nicht verrückt. Man mag mich. Alle finden mich nett, hilfsbereit, bescheiden und loyal. Klug, belastbar, ausgeglichen. Brauchbar.

Irmgard Osterrieder
Alles gegeben

Verschwenderisch
Alles gegeben

Rückhaltlos
Verausgabt

In den Wolken
Wartet schon Schnee

Peter Inzen
Midlifecrisis

„Oh weih, deine Midlifecrisis!"
bemitleidet mich eine.
Erschreckt rechne ich nach:
Noch so lange leben?!

Brigitte Berger
„Habe ich schlecht geputzt?"

Vor einer Woche sagte sie mir noch, dass sie es gut habe. Endlich eine angenehme Putzstelle. Die Kollegen freundlich, die Arbeit nicht zu schwer. Und nicht mehr für sechs Euro fünfzig schuften wie zuvor bei der Gebäudereinigung. Sie könne ihr Glück kaum fassen, sagte sie, zumal sie die 300 Euro monatlich ganz dringend brauche. Zwei Jahre ist sie nun bei uns. Nicht nur sie – auch wir sind sehr zufrieden. Das Büro sauber und gepflegt. Sie arbeitet selbständig und unauffällig. Der Antrag auf Weiterbeschäftigung nur eine Formsache. Bisher in anderen Fällen. Doch die Antwort der neuen Personalführung kommt prompt und unmissverständlich: „Der Antrag auf Verlängerung des Vertrages von Frau P. ist gegenstandslos." Die Putzfrau könnte schließlich auf Festanstellung klagen, so argumentieren sie. Und wo kämen wir da hin? Da kündigen wir doch lieber und nehmen uns eine neue für zwei Jahre! Ich kann es nicht glauben.

Mein Arbeitgeber, der Staat, als menschenverachtende Maschine. Einzelfall prüfen – kommt nicht in Frage! Sinn und Zweck prüfen? – schon gar nicht. Kurz vor Weihnachten also Rausschmiss. „Es tut uns ja so leid, aber wir können da auch nichts machen. Der Rechnungshof und die Personalkosten!" So antworten sie auf Bitten und Rückfragen. Doch schließlich muss geputzt werden. Da wissen sie dann schlauen Rat: Sachkosten sind erlaubt, also lagern wir das Putzen doch aus! Ganz egal, wenn das mehr als doppelt soviel kostet. Schließlich sollen Dienstleister auch verdienen. Wer dann putzt und wie – Nebensache. Personalkosten vermeiden – das ist der Plan!

Alles versucht, nichts erreicht. Der gesunde Menschenverstand Opfer der Bürokratie. Nur, wie bringen wir's ihr bei? Sagen wie es ist. Verstecken hinter der Maschinerie. Was bleibt uns anderes übrig? Wir sind nicht schuld. Es tut uns ja so leid! Der Rechnungshof und die Personalkosten! – Unverständnis. Entsetzen.

„Wenn ich es zuvor gewusst hätte, aber so kurzfristig? Das kann doch keiner wollen. Was soll ich machen? Wer zahlt jetzt die Miete? So schnell bekomme ich keine andere Arbeit. Habe ich schlecht geputzt? Warum kommt jetzt jemand anderer? Dann könnte doch auch ich ... Ich will doch nicht auf Festanstellung klagen, Ehrenwort ... " Es nimmt kein Ende. Und schließlich weint sie. Hoffnungslos – kurz vor Weihnachten. Ihre Kinder kommen nächste Woche aus Griechenland zu Besuch.

Irmgard Osterrieder
Abschied vom Grün

Es will nicht recht Tag werden.
Grau und tief und schwer
Hängen die Wolken.
Trauer?
Der erste Schnee!

Irmgard Osterrieder
Davonlaufen

„Ach," klagte Vroni in jedem Gespräch mit Margret, „ich sollte meine Eltern unterstützen, ihnen eine Hilfe sein. Sie könnten es brauchen, sind beide über 80. Aber ..."

... aber der klassische Unterstützungsweg hatte sich umgekehrt, als bei Vroni Multiple Sklerose diagnostiziert wurde. Anfangs war es ihr noch möglich, sich selbst zu versorgen, aber es wurde immer ein bisschen schlechter. Irgendwann konnte sie nur noch mit einem Rollator gehen (wenn auch nicht mehr Treppen steigen), aber eines Tages gaben ihre Beine beim Aufstehen nach, und ab diesem Sturz saß sie Tag und Nacht in einem gut gepolsterten Stuhl, Kopf- und Fußteil elektrisch beweglich. Zweimal am Tag kam der Pflegedienst zum Waschen, Eincremen, Anziehen, mittags brachte ihre Mutter das für sie gekochte Essen.

In Vronis Unterhaltungen mit Margret gibt es übrigens den Begriff Multiple Sklerose nicht; ab und zu sagt sie MS, aber sehr selten, es ist immer „die Krankheit", „meine Krankheit".

Wenn Margret vorsichtig nachfragte, wie Vroni sich's in Zukunft vorstellte, war es vorbei mit dem guten Einvernehmen, das sonst zwischen ihnen herrschte.
„Ich gehe nicht in eine Klinik – da haben alle die Krankheit und man spricht über nichts anderes!"

Ein Telefonat im Herbst hatte Margret sich notiert:
„Stell dir vor, neulich bin ich beim Marathon mitgelaufen!" berichtete Vroni.
„Nein! Wirklich?"
„Ja! Das war so ein tolles Gefühl, selbst jetzt, wo ich dir's erzähle, kann ich das noch empfinden."
Vorsichtig erkundigte Margret sich: „Hast du denn früher einen Marathon mitgemacht?"
„Nein, das war das erste Mal! Und ich bin gerannt und gerannt, es war unglaublich gut! Immer noch freue ich mich, wie ich gerannt bin! So ein guter Traum!"

Vronis Wohnung in einem Hochhaus im 7. Stock bot eine phantastische Aussicht über das gesamte Voralpenland. Ihr Stuhl stand immer so, dass sie nicht hinaus in die Landschaft, den Himmel, die Wolken schaute, sondern in den Fernsehapparat. Dort war Leben, Bewegung, Abwechslung. Zum Hinausschauen musste sie den Kopf drehen, was ihr schwer fiel.

Ihre Eltern wohnten im Nebengebäude, das war für alle Beteiligten praktisch.

Doch nun ist alles anders. Statt in der eigenen Wohnung im Stuhl zu sitzen, liegt Vroni in einem Pflegeheim im Bett. Die Nähe zu den Eltern ist geblieben, sie besuchen ihre Tochter jeden Tag.

Vroni ist stolz auf ihre Unabhängigkeit. Mit der linken Hand – die rechte kann sie nicht mehr bewegen – reguliert sie die Elektronik, die das Kopfteil hochfährt, so dass sie nicht auf das Pflegepersonal angewiesen ist, nicht gezwungen ist, die Decke anzustarren bis jemand kommt, sondern fernsehen kann wann sie mag. Auf einem Beistelltischchen steht das Telefon, sie erreicht den Freisprechknopf wenn es läutet, und, wenn sie selber anrufen will, drückt sie auf eine Zahl mit der dazu eingespeicherten Nummer. Daneben liegen zwei Fernbedienungen, eine ist für den Fernseher, eine weitere, die ihr ein Bekannter gemacht hat, schaltet den Strom für TV und ein Licht ein und aus.

Wenn Margret sich von Vroni verabschiedet, prüfen sie beide, ob das Tischchen noch so steht, dass Vroni alle Geräte erreichen kann.

„Ich möchte aus meiner Haut fahren und davonlaufen!" sagt Vroni.

Brigitta-Lea Scherleitner
Von außen

sehe
mir zu

wie ich
ankomme

erwache
im leben

in welchem?

Brigitte Berger
Fremd

Ich bemerkte es nicht sofort, denn es kam langsam, schleichend. Doch erinnere ich mich noch sehr genau an jenen Tag, an dem niemand es mehr leugnen konnte. Karin war verrückt geworden.
Wie so oft nach Feierabend Spaziergang im Park, nahe der gemeinsamen Wohnung. Schweigend. Sie hasste das verschwenderische Plappern, das das Leben manchmal leicht erscheinen lässt. Doch dieses Schweigen war anders. So, als würde es die ganze Welt in sich aufsaugen. Auf Fragen antwortete sie nur mit kurzen, fremden Lauten, um mitzuteilen, dass sie mich sehr wohl hören konnte, meine Fragerei ihr aber lästig sei. Stille, die sich über alles legte. Totenstille.
„Antworte mir doch. Bitte."
Ihre grünen Augen, beinahe durchsichtig, schimmerten in unnatürlichem Glanz. Schweigen. War das möglich? Sie, die stets Praktische, Robuste. An der Grenze zum Nirgendwo.
„Sag doch was. Irgendwas, bitte."
Schweigen. Ich meinte, einen hochmütigen Ausdruck auf ihrem Gesicht zu erkennen.
„Hab ich dich beleidigt? Was ist denn? Sag doch endlich was!"
Die Umgebung wie immer. Eltern mit Kindern. Hunde. Jogger, die ihre abendlichen Runden liefen. Alles wie sonst. Genau so wie an allen anderen Tagen im Park. Doch unerklärbare Fremdheit.
Voll innerer Panik schlug ich den Weg nach Hause ein. Sie ging neben mir. Schweigend.

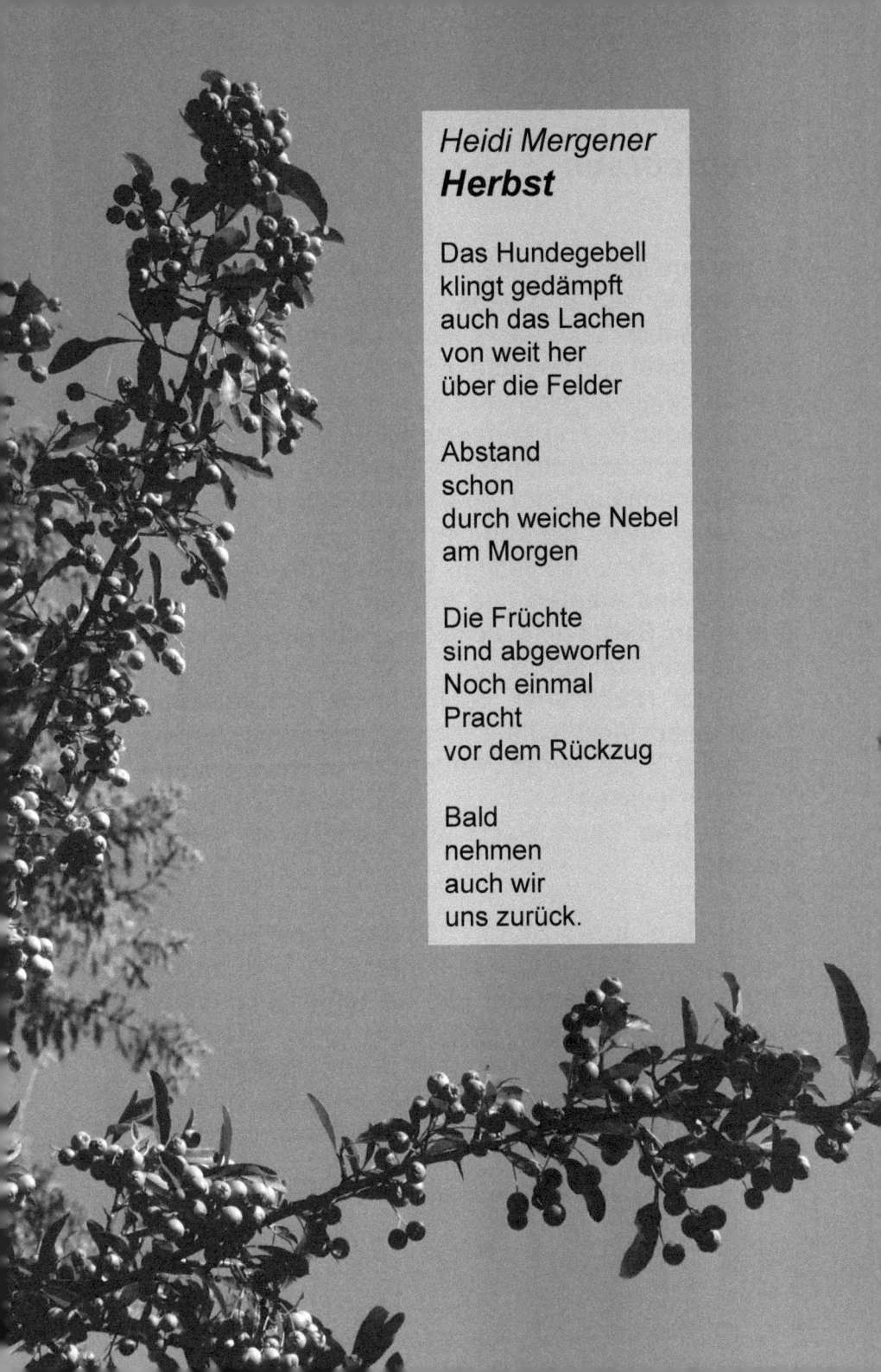

Heidi Mergener
Herbst

Das Hundegebell
klingt gedämpft
auch das Lachen
von weit her
über die Felder

Abstand
schon
durch weiche Nebel
am Morgen

Die Früchte
sind abgeworfen
Noch einmal
Pracht
vor dem Rückzug

Bald
nehmen
auch wir
uns zurück.

Suse Schneider-Kleinheinz
Allerliebrauh

Es war ein Mensch auf der Höhe des Weges zum Sonnenhaus für sich und seine Gemahlin zur Linken, die er innig liebte. Viele Jahre hatte das Haus gebraucht, bis es erbaut und bedacht, erwärmt und beschlossen war. Der Weg dorthin führte über mühsam begehbare Geröllhalden und nur wenig bereiteten Pfad bis hinauf zu dem paradiesischen Hochplateau, in dessen Mitte das Sonnenhaus den Liebenden Schutz und Wärme bot, wann immer sie sich hier trafen. Sie schauten in die Weite und umschlangen sich eng, sie plauderten traulich und planten, sie freuten sich der endlich erreichten Bleibe und richteten sich aufatmend für alle Zeiten darin ein.

In der Nacht aber, nachdem sie sich kostbare Ringe angesteckt hatten, dröhnte eine laute Stimme durch das Haus, deren Wortlaut sie beide aus früher Schulzeit wussten:

"Du Narr, heute Nacht wird deine Seele von dir gefordert!"[1]

Es erhob sich ein Sturm, der das Dach verschob. Ein Beben schlug Risse in die Mauern und riss die Haustür aus den Angeln. Sie stemmten sich gegen das Dach, um es wieder gerade zu rücken, sie kitteten die Risse und versuchten die Türangeln wieder zurecht zu biegen. Vergeblich. Der nächste Windstoß machte ihre Arbeit zunichte. Regen drang ins Haus.

---
1 Bibel, Neues Testament, Evangelium Lukas Kapitel 12, Vers 20

Der Boden unter ihren Füßen schwankte. Da war kein Bleiben mehr. Sie brachen auf und stützte einer den andern beim Abstieg.

Im Tal setzte sie ein Fährmann über den Hochwasser führenden Fluss.

Sie hatte sich gewünscht, dass er zu ihr käme, damit sie fürderhin beisammen seien und sie ihm beistehe bis "Heute Nacht".

"Später", hatte er gesagt, "es ist noch etliches zu ordnen."

Und sie ging mit ihm.

Er kam zur Wohnstatt seiner rechtmäßig Angetrauten, damit er im Gewohnten zuhause sei. Er hörte sie wohl, aber sie bewegte sich in anderen Räumen und hielt Türen und Fenster dicht verschlossen. Er erreichte sie nicht, nicht von außen, nicht von innen. Und als eine Verwandte zugegen war, redete sie mit der Gemahlin zur Linken, dass sie ihm Herberge gewähren solle und ihn hegen und pflegen, wann immer er dessen bedürfe. So bestiegen sie wieder die Fähre, setzten über und richteten sich unter ihrem Dach ein, bis klinische Pflege die Not der letzten Zeiten lindern musste.

Einst, als er das erste Mal zu ihr gereist war, war er auf Glatteis ausgerutscht und auf der Trage des Rettungsdienstes zu ihr gekommen. Nun verließ er, gestützt auf zwei Rotkreuzmänner, ihr Haus. Sie saß im Krankenwagen bei ihm.

"Lass' mich von deiner Butterstulle abbeißen", bat er. Er wusste, dass sie nie ohne Butterbrot das

Haus verließ. So reichten sie sich beim Schaukeln des Krankenwagens ein letztes Mahl.

In der Klinik hob ein großes Abschiednehmen an. Die Kunde über seinen Zustand hatte sich wie ein Lauffeuer im Kollegen- und Bekanntenkreis verbreitet, und alle wollten ihn, den Lehrer und Berater, noch einmal sehen und nochmal Rat holen. Und er versagte sich keinem, stand jedem Rede und Antwort, wenn auch manchmal mit vor Anstrengung geschlossenen Augen und nur langsam Wort für Wort setzend.

Die zur Linken saß im Hintergrund und sah, wie ihn die Besucher aussaugten wie die Spinne ihr im Netz gefangenes Opfer. Ihr war danach, die Kommenden gleich an der Tür energisch abzuwimmeln.

Sie begnügte sich damit, wenn mal keine Besucher am Bett standen, seinen Schlaf zu begleiten, seinen Blick zu erwidern, wenn er kurz die Augen öffnete und ihre Hand unter die seine zu schieben, wenn er im Dahindämmern nach ihr tastete. Einmal, als sie nur zu zweit waren, fragte er: "Was denkt sich bei dir?" – "Nichts von dir verlangen. Bei dir sein, deine Nähe zu mir wahrnehmen und dich meine Nähe zu dir spüren lassen." – "Wir müssen uns loslassen, du mich, dass ich gehen kann, und ich dich, dass du am Leben bleiben kannst." In diesem Gedanken arbeitete ihr wortloses Beieinandersein her und hin, hin und her, und unmerklich, aber doch leidvoll spürbar lockerte sich das unsichtbare, seidene Tau zwischen ihm und ihr, ihr und ihm.

Die nächsten Besucherinnen traten ein, und auch seine Gemahlin zur Rechten kam ihrer Pflicht nach, in der Klinik zu erscheinen. "Nie trifft man dich ohne deinen Harem!" protestierte sie zur Begrüßung.

"Ich gehe eine Stunde spazieren", sagte die zur Linken, nahm der zur Rechten den Mantel ab und zog leise hinter sich die Tür des Krankenzimmers zu. Die zur Rechten sah an ihr vorbei und achtete ihrer nicht. Sie erzählte ihm von ihrem neuen Kostüm, den Sandalen für die Enkelchen, von der Diät ihres Bruders und plapperte so dahin, um ihm leichte Unterhaltung zu bieten. Er lag in den Kissen und atmete kurz und keuchend. Er konnte ihr nur schwer folgen und ihrer Unruhe nichts anderes entgegensetzen, als dass er sich mehr und mehr in sich zurückzog.

Er hatte Nachthemd, Kissen und Laken durchgeschwitzt. Seine Frau veranlasste, dass er frisch gebettet werde. Ein Besucher kam. "Ich setze mich eine halbe Stunde ans Fenster", sagte die Gemahlin und bestimmte damit die Besucherzeit.

Vom Zuhören und Antworten erschöpft, schloss er wieder die Augen. Er atmete unregelmäßig und flach, er rang nach Luft. Die zur Linken kam zurück, bemühte sich um ein Sauerstoffgerät, das die Nachtschwester installierte. Es half nur wenig, denn es funktionierte nicht richtig. Die Nachtschwester wusste keinen Rat, und ein Techniker war nicht mehr im Haus. Die zur Linken rief in dieser Not einen Freund an, dass er jemanden ausfindig mache und herschicke, der das Gerät repariere. Der Freund kam eilends selbst und brachte mit ein paar Handgriffen den Apparat in Ordnung. Die zur Rechten zischte den Freund an: "Nehmen Sie sie mit, die Diebin!" Er überhörte es und ging.

Beide saßen sie am Krankenbett, die Geliebte an der Fensterseite, die Gemahlin nahe der Tür, wo sie unruhig auf ihrem Stuhl hin und her rutschte.

Die zur Linken bemerkte die Unruhe. Sie kannte sich im Haus aus, schleppte einen bequemen Stuhl herbei, ausziehbar zum Liegesitz. "Der ist für Sie, bitteschön." – "Was hat sie gesagt?" fragte die Angeredete zum Bett hin. Er keuchte mühevoll. Die Geliebte kehrte zu ihrem Stuhl am Fenster zurück und beobachtete den unregelmäßig Atmenden, wischte ihm den Schweiß vom Gesicht, netzte seine Lippen und stellte die Sauerstoffgabe neu ein. Seine Hände verkrampften sich, die Mundwinkel zuckten.

Die Gemahlin rückte und schob sich im Liegestuhl zurecht. Ihre Unruhe war bestimmend im ganzen Raum. "Hier tut sich ja nichts! Es geht nichts vor- und nichts rückwärts! Das dauert mir alles viel zu lang. Da kann ich genau so gut zuhause sitzen. Ich will ein Taxi!" Die zur Linken ging zum Telefon am Kopfende des Bettes und rief einen Wagen. Sie half der zur Rechten aus dem Liegestuhl, reichte ihr den Mantel, begleitete sie durchs Haus, dass sie sich in den Gängen nicht verirre und wartete bei ihr, bis das Auto kam. Sie wollte sie nicht allein auf der Straße stehen lassen in dieser Nacht. Die zur Rechten sah an ihr vorbei, schaute durch sie hindurch und bemühte sich, jener ihre Nichtachtung vor die Füße zu werfen.

Als sie ins Krankenzimmer zurückkam, ging der Atem des Sterbenden zwar flach, aber ruhig und gleichmäßig. Verschwunden der Krampf in den Händen, das

Zucken im Gesicht. Gelöst lag er da. Frieden seine stumme Botschaft. Ein Raum der Stille. Ruhe bei beiden. Ihre Hand auf der seinen, ihr Blick auf seinem Gesicht.

So blieben sie beieinander, bis es an der Zeit war, die Kerze zur Totenwache anzuzünden.

Brigitta-Lea Scherleitner
Vergeudete Zeit

Vergeudete Zeit –

die Bahnhofsuhr
schneidet
Stücke vom Kuchen
sekundengenau

vergeudete Zeit –
selbst die Spatzen
picken sie nicht
vom Teller

Brigitte Berger
Das Testament

Als ich dem Angestellten hinter dem Tresen die orangefarbene Karte zuschob und nach meinem Ausweis kramte, erfolgte dies mechanisch, irgendwie nicht zu mir gehörend. Ich hatte mir noch gar keine Gedanken darüber gemacht, wer von mir eine Unterschrift wollte, damit ich seinen Brief lesen durfte. Schließlich waren Briefe nichts Besonderes für mich, mein tägliches Brot sozusagen. Spielte es eine Rolle, ob sie an mich persönlich adressiert waren? „Amtsgericht" las ich beiläufig. „Stadt Leutkirch im Allgäu". Ich öffnete den Umschlag zögerlich. Vorsichtig geworden. Lippen zusammengepresst. Nachricht vom Ende der Welt. Gott hilf mir. Lass ihn nicht wieder auferstehen. Ich habe nichts mehr mit ihm zu tun. Verlassen und vergessen. Die Vergangenheit ruht. Er ist tot. Hier kommt es schwarz auf weiß. Hastig steckte ich das Schreiben ein. Eine Welle erfasste mich. Schweiß auf der Stirn. Zittern und Schwindel. Reiß' dich zusammen. Das ist ja lächerlich. Angst, die Kontrolle zu verlieren. Ich setzte mich ins Auto und fuhr los. Sicher und zielstrebig. Aufmerksam im dichten Verkehr. Das Lenkrad fest in beiden Händen.

Den Brief ignorieren. So, als hätte ich ihn nie erhalten. Was hatte ich damit zu schaffen? Alles Vergangenheit. Und die ruht.

Tante Emmi ist gestorben. Werde ich ihn sehen? Das war so gut wie sicher. Ich richtete mich auf. Mein

Rücken tat weh. Langes Sitzen strengte mich stets an. Der Blick meines Gegenübers. Gelassen, interessiert. Was wusste der schon? Etwas zu schnell ergriff ich mein aufgeschlagenes Buch und las zum dritten Mal den selben Text. Frösteln. Stein in der Magengrube. Die Landschaft wurde lieblich. Grüne, sanfte Hügel. Kühe. Meine Braunen. Lange nicht gesehen. Der Zug fuhr langsamer, in sanften Windungen. Wie schön war diese Gegend. Und wie friedlich. Doch der Eindruck täuscht. Der Zug hielt jetzt öfter, und ich machte mich daran, meine Sachen einzupacken, bemüht, meinen Mitreisenden nicht anzusehen. Unsichtbar sein. Ich verließ das Abteil lange vor dem Ziel. Trockener Mund, kalte Hände. Kreischende Bremsen und Türenquietschen. Ich machte mich vergeblich an der roten Klinke zu schaffen.

„Lassen sie mich mal. – Ich helfe ihnen!" –
„Nein, danke, geht schon".
„Leutkirch, Leutkirch" hörte ich aus dem Lautsprecher. Ich war also angekommen. In der Vergangenheit. Was war wohl aus Karin geworden? Würde sie auch da sein? Hilfloses Nachdenken. Ich nahm meine Tasche auf und ging entschlossen Richtung Ausgang.

Die Notariatsangestellte führte mich in ein geräumiges Büro, und ich war froh, die erste zu sein. Warten. Dann Stimmen. Seine Stimme. Laut und durchdringend, charmantes Lachen, ein Echo fordernd. Die Tür ging auf und der Notar geleitete die beiden herein. „So, nun sind wir ja komplett." Komplett. Wie sich das anhört.

Er kam mir kleiner vor. Zerbrechlich. Sie dagegen

aufrecht und gespannt. Strenger als in der Erinnerung. Gutaussehend beide, obwohl inzwischen über achtzig. Ich stand auf, um ihnen die Hand zu geben. Höflichkeit muss sein, dachte ich und hoffte, die peinliche Stille würde sich verziehen. Wir setzten uns und der Notar begann mit der Testamentseröffnung. Dass Tante Emmi etwas hinterlassen hatte, wunderte mich. Hatte er nicht immer behauptet, sie würde ihren ganzen Besitz, den wunderbar gelegenen Hof mit den vielen Feldern und dem Wald verdummen. Schulden und Suff, davon war er nie abzubringen, würden sie ins Bodenlose stürzen. Irgendwann war der Kontakt abgerissen, als Emmi nicht mehr wollte. Sie hatte die Nase voll. Aus. Basta. Es reicht. Leck mich. Gleichzeitig verstieß sie Karin und mich. Mitgegangen, mitgehangen. Sippenhaft. Ich habe es nie verstanden. Eigentlich dürften wir gar nicht hier sitzen. Oder hatte uns Emmi noch etwas zu sagen? Ein letztes Wort. Ihre Sicht der Dinge. Nein, alles war ganz einfach. Der Hof gehörte nun uns. Ihm, Therese, Karin und mir. Vater, Mutter, Kinder. Traumfamilie. Wo war Karin?

Sie hatten mich überredet, im nahe gelegenen Gasthaus zu Mittag zu essen. Wenn wir schon mal hier sind. Therese vermied es, mich anzusehen und er ließ während des Gesprächs, das eigentlich nur aus seiner Rede bestand, keine Pause entstehen, so dass ich, ohne fragen zu müssen, rasch informiert war. Über Alles. Wie früher. Es gibt nur eine Wahrheit. Er hatte bereits einen Plan ausgearbeitet, wie der Hof zu verkaufen war, an wen und für wieviel. Einspruch zwecklos.

„Ich würde gern noch darüber schlafen. Das geht mir jetzt zu schnell. – Wie geht es Karin"? fragte ich.

„Oh, der geht's gut." Therese schaute mit sturem Blick auf ihren Teller.

„Warum ist sie nicht mitgekommen? Es betrifft sie doch genauso", startete ich einen weiteren Versuch.

„Sie wollte nicht."

„Schade."

„Was gibt es eigentlich noch zu überlegen. Der Hof wird verkauft und jeder kriegt sein Geld", platzte es aus ihm heraus.

„Ich möchte nichts überstürzen. Schließlich weiß ich erst seit einer Stunde, dass ich etwas geerbt habe."

„Was willst du mit dem alten Krempel? Das ist doch verrückt."

„Ich werde mit Karin sprechen. Ich möchte wissen, wie sie darüber denkt."

„Das wirst du nicht. Du wirst sie in Ruhe lassen und ihr keine Flausen in den Kopf setzen."

„Sie ist fünfundfünfzig, wenn ich mich nicht täusche". Kalte Hände, leises Zittern.

Sein Blick traf sich mit meinem. Überraschung. Kaum unterdrückte Wut.

„Pepsch." Therese legte ihre Hand beschwichtigend auf seinen Arm. Wie ich dieses „Pepsch" hasste. Es war der einzige Einspruch, den meine Mutter sich je zugestanden hatte. Ob er Menschen oder Tiere quälte, Zoten riss oder sich nur eine seiner charmanten Frechheiten leistete, für die ihn gewisse Frauen vergötterten. „Pepsch". Oder auch: „Aber Pepsch".

Er schüttelte sie ab und stand auf, um die Rechnung am Tresen zu begleichen. Natürlich bezahlte er auch für mich. Selbstverständlich. Ich sagte nichts. Gute Miene zum bösen Spiel. Hasenfuß.

Ich beobachtete, wie sie in ihren Mercedes stiegen und sah ihnen lange nach. Das Testament war echt. Emmi hatte es vor Zeugen unterschrieben. Es war ihr letzter Wille.

Irmgard Osterrieder
Vergänglich

Sterne vergehen
Berge werden niedriger

Und ich bin traurig, weil sich
Der Duft der Rosenblätter verflüchtigt …

Aufbricht das Blau

Anna Maria Nagl-Lerch
Aufbricht das Blau

Aufbricht
das Blau
Sonnendome
steigen
aus
den
Tiefen
des
Kelchs

die Psalmen
die die Weite des Schnees verschliefen
                                    erwachen

Peter Inzen
Pan!

Santiago de Compostela, schmucke, fast monströs monumentale Stadt im Nordwesten Spaniens, und Höhepunkt, für die meisten auch Endpunkt auf dem langen St. Jakobs-Pilgerweg.

Von meinem windgeschützten Schlafplatz wandere ich morgens zurück in die Stadt. Eine alte Frau ruft mir aus ihrem Garten etwas zu. Ich komme näher.
„Pan!" ruft sie und drückt mir dann Münzen in die Hand.
„Brot? Wo gibt's welches? Wo ist ein Bäcker? Welche Sorte soll's sein?" frage ich zurück.
„Da vorne, um die Ecke! Irgendeines!" kommandiert sie.
Ist o. k. Ich werde für sie Brot holen.
Aber um die Ecke finde ich keinen Bäcker. Der mobile Backwarenstand, erfahre ich, stehe hier ab neun Uhr. Ich bin also zu früh, kehre um zu der Alten, reiche ihr das Geld über den Gartenzaun.
„Nein!" beharrt sie.
Nicht für sie solle ich das Brot holen; mir soll ich welches kaufen. Sie wolle mir spenden, schließlich sei ich doch Pilger, oder?!

Peter Inzen
Rummelplatzriesenrad

Das war am Puppenstand, wo die Ausstellungsstücke aussahen wie eine Gruppe kleiner Kinder, und plötzlich stand ich mittendrin, wurde von den Kleinen gedrängt, mit ihnen Riesenrad zu fahren, wo es doch nur heute und zu dieser Stunde gehe.
Später, im Radiointerview, hörte ich mich sagen, nur einem kleinen Mädchen zuliebe habe ich auf dem Riesenrad gar keine Angst gehabt.

Anna Maria Nagl-Lerch
Es tost die Nacht ins Wüstenland

Es tost die Nacht ins Wüstenland
aufwirbeln Dämmerung und Sand
Staub, wohl tausend Monde alt
von bleicher Seide
von Märchenzeichen weht
Als dürstend in der Dünenmulde
die Karawane schlief
dürstend die Erde, kein Wasser
und kein Blatt sie grünte
die Dunkelheit gar schwarz und fürchtig
da nahte aus der Ferne her ein Rauschen
ein Leuchten
so wunderschönes Himmelsleuchten
Sonnen sangen den Morgen
sangen die Quellen, das Wasser
und auf feinster Sternenseide
lag der Kern des Dattelbaums ...

Suse Schneider-Kleinheinz
Unter dem Rotbirnenbaum[1]

Der Besuch der beiden Kurse an der Landwirtschaftlichen Winterschule in Blaufelden stand für den jungen Fritz Strempfer außer Frage. Er soll selbst davon berichten:
"Das war ein gewisser Wendepunkt in meinem Leben. Vorher treuer, braver Knecht auf dem Hof, dann in dieser Schule die moderne Landwirtschaft kennen gelernt mit Chemie und Rationalisierung. Nach Abschluss der Winterschule kam deren Leiter, Ökonomierat Friedrich Hege, zu meinem Vater:
'Wollen sie ihren Sohn nicht studieren lassen? Er hätte das Zeug dazu.'
'Jaaa,' hat mein Vater überlegt, 'wir haben ja noch eine Tochter für den Hof' und hat mir die Entscheidung überlassen.

Diese Entscheidung war ein harter Kampf.

Ich hatte die Pferde zu versorgen. Wenn die den ganzen Tag geackert haben, müssen sie am Abend immer wieder gefüttert werden. Dazwischen bin ich nicht wie sonst ins Haus gegangen und hab mich im Stüble auf die Eckbank gesetzt und gelesen, sondern bin draußen geblieben, für mich geblieben, gleich hinterm Stall im Baumgarten unter dem großen Rotbirnenbaum.

---
1 Ausschnitt aus der Biographie Fritz Strempfer

'Studieren, weiterlernen, mehr verstehen, besser folgern, mehr Überblick gewinnen, einfach mehr können, – welche Perspektive!
 Kann's der Vater überhaupt bezahlen? Er hat Hege gegenüber nicht abgelehnt. Trägt's der Hof? Schaff' ich's?'

Den Pferden wieder eingeben.

Und weiter überlegen unterm Rotbirnenbaum. ‚Hege hat gesagt, ich müsse das Maturum nachholen, damit ich studieren kann. Ich Maturum? Bei meinem Deutsch, bei meiner Rechtschreibung? Wir hatten doch im Krieg Aushilfslehrer, die selber nicht wussten, wie sie uns 'was beibringen sollten. Bei mir war's die Tochter von Kantor Ley. Die konnte mich gut leiden, mit der hab ich mich gut gestellt und nichts gelernt, weil sie mir die Fehler hat durchgehen lassen. Auch Rechnen und Mathematik liegen bei mir im Argen. Ich Maturum?[2] Wo? Wie?'

Den Pferden wieder eingeben.

Und weiter überlegen unterm Rotbirnenbaum. 'Studium, ein helles Ziel. Tore öffnen. Unbegehbare Wege ebnen, nicht nur für mich.
 Und nach dem Studium, wo im Leben werde ich sein, in welcher Mitte? Nicht mehr auf dem Hof. Nur

---

2 Für einen Bauernsohn mit Volksschulabschluss an einer zweiklassigen Dorfschule waren die Möglichkeiten das Abitur zu machen Anfang der Zwanzigerjahre des letzten Jahrhunderts dünn gesät. Den Begriff „Zweiter Bildungsweg" gab es noch nicht. An einigen wenigen Internatsschulen konnten Erwachsene die Reifeprüfung nach zwei bis vier Schuljahren ablegen.

noch zu Besuch auf dem Hof. Vorübergehend. In der Gaststube. Wie Onkel Julius, der Sohn des Großvaters. Oder auf dem Sofa, wenn das Gastbett gerade belegt ist. Der Hof immer noch und jederzeit mein Zuhause, aber nicht mehr Heimat. Andere Heimat suchen. Wie Onkel Julius. Wie oft?'

Er horcht zu den Pferden. Sie stampfen nicht mehr, scharren nicht mehr, schnauben nicht mehr, er hört sie nur noch malmen.

Er horcht unterm Rotbirnenbaum.

Er fragt. Und fragt.
Bis er antwortet: 'Ich bin der Hof! Ich bin die Felder!'
Die Pferde sind ruhig geworden.
Er schließt die Stalltür und geht ins Haus.
'Vater, ich bleibe auf dem Hof.' "

Irmgard Osterrieder
Zwischen Sternen

Sich zurücknehmen
Um zwischen Sternen zu sein
    Oder inmitten von Blütensternen
Das Leben ziehen zu lassen
    Wie Wolken

Heidi Mergener
Raureif

    Am Spätnachmittag dann endlich die Arbeit beendet. Befreit trat ich in den Winter hinaus.
    Geschneit hatte es nicht, aber alles war mit langen Raureifkristallen bespickt, jeder Zweig an Büschen und Bäumen, die Hecken, die Wiesen und Äcker. Und schon an meiner Straßenbiegung hinter den letzten Häusern schaute ich nahezu ins Nichts und doch in die Begrenzung von weich waberndem Nebelweiß auf den Feldern.
    Und dann die noch größere Weite dieses Nichts einige Schritte entfernt, in dem die Konturen unserer Welt wie im Allmählichen verschwanden. Dort auf der Wiese Augenblicke wiedergefundener Stille.
    Ich ging zum Waldrand, dessen mächtige Buchen, schwarz und weiß gegen den Himmel ragend, sich gerade noch von der beginnenden Dunkelheit abhoben, mit diesen großen Vögeln, deren Stimmen mich

jedes Mal von mir forttragen – nein: zu mir hinführen. Sie flogen auf aus den Kronen und lärmten in die Winterdämmerung.

Und es fiel mir mein Traum ein, der wiederholte aus Kindernächten, dieser dunkle Traum der dichten, starkastigen Bäume mit den schwarzen, großen Vögeln, die stumm in den Zweigen saßen, so still, wie die Bäume einen tiefen See umstanden.

Meine Gedanken wurden ruhig, und da war Dankbarkeit für die schweigende Natur, die uns die Enge ins Weite verwandelt.

Und ich stand und öffnete mich ganz dieser Fülle, doch dann wurde ich übermütig, schüttelte die verblühten Goldruten am Feldweg – sie alle viel größer als ich und sehr dicht und üppig –, um wie ein Kind ihre weiße Pracht zur Erde pudern zu lassen.

Dann bog ich die Zweige der Tannen, und sie schwangen und wippten, und ich ließ Geflecht um Geflecht der Zäune aus meinem Fingerzug schnellen, um die Eiskristalle in immer neuem Schwall hinabsausen zu sehen.

Und dann jubelte ich in den Himmel, breitete meine Arme weit zu ihm aus, und meine wochenharte Arbeit war ganz von mir abgefallen.

Anna Maria Nagl-Lerch
Tief ins nachtblaue Märchen

Tief
ins
nachtblaue
Märchen
krönt der Hügelzug das Tal
schönt den Himmel mit Kristallen
das Felsenschloss mit Schnee

Peter Inzen
Das Bergstädtchen Berlin

Das Bergstädtchen Berlin ist im jahrelangen auszehrenden Bürgerkrieg El Salvadors für eine Weile zu trauriger Berühmtheit gelangt: Während der 1980er Jahre war der Ort heiß umkämpft zwischen den Bürgerkriegsfronten – mal in Händen der Befreiungsfront, dann wieder unter Kontrolle staatlicher Militärs oder paramilitärischer Schwadrone; dies in stetigem Wechsel.

Jetzt, im Frühjahr 1993, nach Abschluss des Friedensabkommens aller Kriegsparteien, schöpfen die Bewohner Berlins spürbar Hoffnung, versuchen, Ordnung und Ruhe in ihren Alltag zu bringen.

Im Postamt von Berlin, El Salvador, möchte ich Briefe versenden an meine Freunde in Berlin, Alemania.

„Ach, nein!" staunt die ältere Dame, welche den Postschalter alleine bedient, „es gibt noch ein anderes Berlin? Und man schreibt es ganz genau so?!"

Da nehme ich wahr, dass ihr ein Arm fehlt – vielleicht eine Kriegsverletzung?

Ich schildere der Dame die 3 ½ Millionen-Einwohner-Stadt im Zentrum Europas, welche ja seit Kurzem wieder deutsche Hauptstadt ist, genauer gesagt: Bundeshauptstadt. Ja, dort habe ich jahrelang gelebt und pflege da immer noch viele Freundschaften. Ich möchte denen nun schreiben, und sie möge dann bitte all meine Briefe mit einem deutlich lesbaren BERLIN-Poststempel versehen!

„Kein Problem!" versichert mir die Post-Dame, immer noch staunend. Aber zuvor müsse ich ihr bei der Auflösung eines Rätsels behilflich sein, welches vor einiger Zeit die Postmitarbeiter hier beschäftigte. Sie beugt sich tief zum untersten Fach eines Regals, zieht eine Postkarte hervor und zeigt sie mir: Eine Wahlbenachrichtigung aus Roma an eine Bürgerin mit italienisch klingendem Namen, wohnhaft in
    1 Berlin 19, Nehringstrasse ...
    Keinerlei Länderangabe. Gelandet in Berlin, El Salvador.

„Jedoch," bedauert die Postlerin, „es gibt hier keine Bewohnerin mit diesem Namen."

Also ruhte die Benachrichtigung ein, zwei Jahre hier im Regalfach.

Aufmerksam lauscht die Dame meiner Interpretation, bevor sie fragt: „Sollen wir denn die Karte endgültig fortwerfen?"

„Nicht doch!" entgegne ich. „Wir sollten diese Karte formal korrekt weiterleiten: von Berlin, El Salvador, nach Berlin, Alemania. Ich werde noch eine erläuternde Bemerkung daraufschreiben. Womöglich freut sich die Empfängerin und startet mit dieser Karte eine Sammlung ganz besonderer Art."

„Ja, korrekt müssen wir das durchführen!" sagt sie nachdenklich.

Anna Maria Nagl-Lerch
Zeitlos

Zeitlos
die Sonnen
schimmern uraltes Blau
in die Träume verwaister Gärten
nach der Träne
im silbernen Klang des Windes

Suse Schneider-Kleinheinz
Pferdelenker[1]

Vater Strempfer war unter acht Geschwistern aufgewachsen, ebenso die Mutter. Die meisten von ihnen hatten auf Bauernhöfe eingeheiratet oder ein Handwerk erlernt. Die Geschwister besuchten einander an Sonntagnachmittagen mit Kutschen und Gäulen, sofern man nicht während der Ernte die Ruhe nötig hatte, um Kräfte zu sammeln. So herrschte an der Hälfte aller Sonntage reger verwandtschaftlicher Austausch landauf, landab auf den Höfen.

Auf einer der Sonntagsfahrten fragte der Schulbub, der immer neben dem Vater auf dem Kutschbock saß, ob er nicht auch mal die Zügel nehmen könne. Der Vater hielt an, erklärte dem Sohn das Nötige, legte das Leitseil in seine noch fast zu kleinen Hände und stieg vom Kutschersitz.

"Bleib doch da, wir haben doch beide Platz. Ich bin doch auch immer neben dir!" bat der Sohn.

"Das kannst du besser allein. Ich setz mich unters Chaisendach."

Der kleine Landwirt hatte bisher genau beobachtet und jetzt aufgepasst, er machte seine Sache gut, die Pferde gehorchten ihm, kannten sie ihn doch schon seit dem Windelalter, wenn der Vater seinen Sohn auf den Arm genommen und ihm in den Ställen die Tiere gezeigt hatte. Sie haben seine winzige Patschhand über den Nüstern gespürt und auch ab und zu seine wenigen Pfunde auf ihrem Rücken.

---
1 Aus der Biographie Fritz Strempfer

So ging jetzt die Fahrt gut vonstatten, bis sich in Windeseile Gewitterwolken türmten und den Tag verdunkelten, bis ein naher Donner grollte und Blitze die Pferde schreckten, dass sie schäumten und sich aufbäumten und von Kinderhand und Kinderrufen nicht mehr zu bändigen waren. Der Bub konnte versuchen, was er wollte. Er krampfte sich in den Leitseilen fest – und merkte, dass sie sich nach hinten spannten, und hörte die ruhigen und bestimmenden Befehle des Vaters, der die Pferde zum Stehen brachte. Der Vater hatte die Zügel in der Hand behalten.

"Schlüsselerlebnis" nennt's Fritz heute: "Einer, der unbemerkt hinter mir die Zügel in der Hand hat, mein ganzes Leben lang."

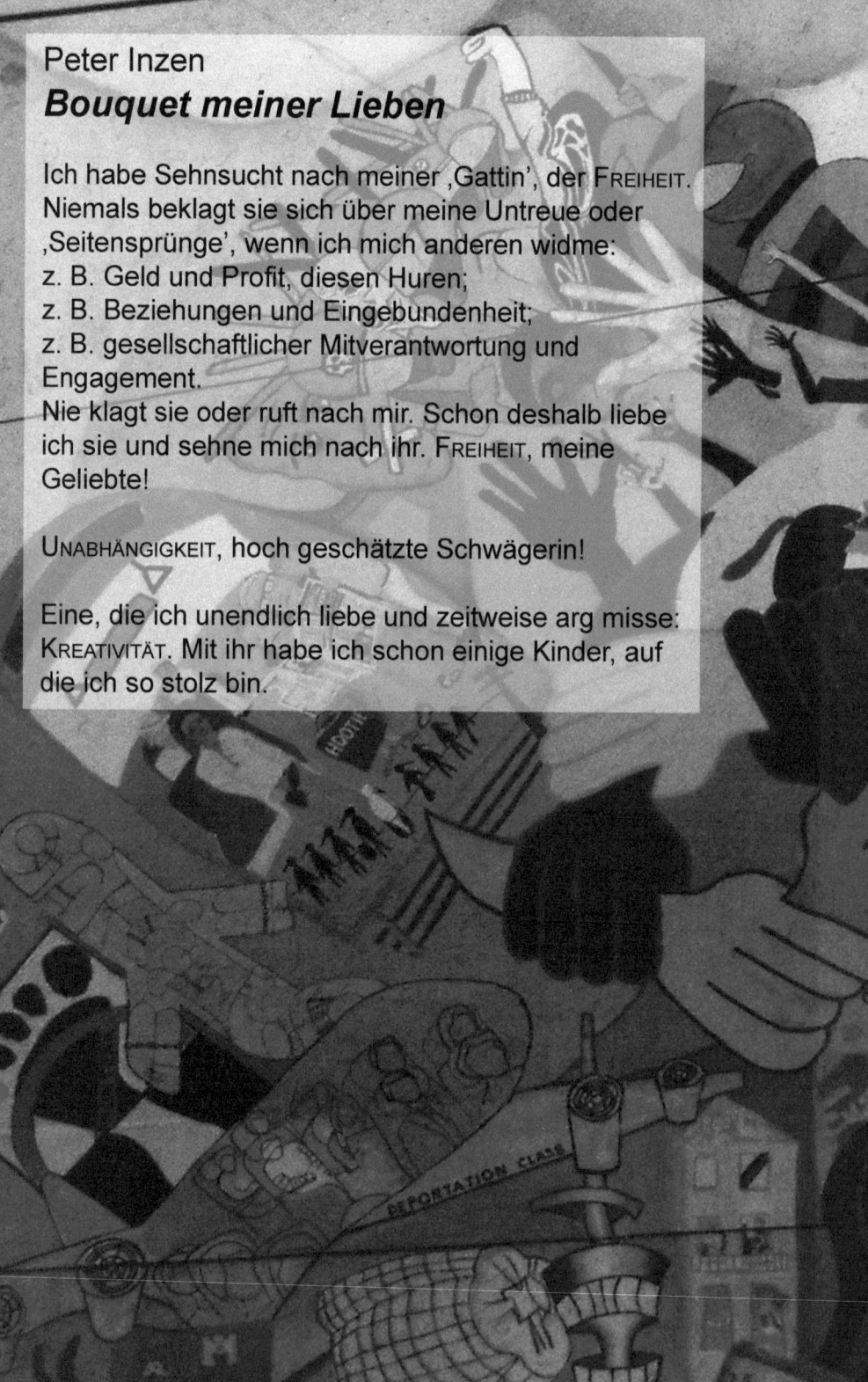

Peter Inzen
Bouquet meiner Lieben

Ich habe Sehnsucht nach meiner ‚Gattin', der FREIHEIT.
Niemals beklagt sie sich über meine Untreue oder
‚Seitensprünge', wenn ich mich anderen widme:
z. B. Geld und Profit, diesen Huren;
z. B. Beziehungen und Eingebundenheit;
z. B. gesellschaftlicher Mitverantwortung und
Engagement.
Nie klagt sie oder ruft nach mir. Schon deshalb liebe
ich sie und sehne mich nach ihr. FREIHEIT, meine
Geliebte!

UNABHÄNGIGKEIT, hoch geschätzte Schwägerin!

Eine, die ich unendlich liebe und zeitweise arg misse:
KREATIVITÄT. Mit ihr habe ich schon einige Kinder, auf
die ich so stolz bin.

Ehrlich, ich habe noch mehr Geliebte:
MENSCHLICHKEIT – ist sie's, die mich am tiefsten prägte?
WAHRHEIT – für sie ginge ich durch's Feuer.
GERECHTIGKEIT – ist's Liebe? oder Hörigkeit, die uns verbindet?
ANARCHIE – eine heimliche Liebschaft. Vielleicht weiß sie gar nicht davon.
ABENTEUER – lockere Beziehung, doch unsere gelegentlichen Flirts und gemeinsamen Erlebnisse möchte ich nie missen.
BILDUNG(shunger) – meine lebenslange Gefährtin; bis dass Vergreisung uns scheidet ...
ZÄRTLICHKEIT – eher Sehnsucht denn genüssliche Liebe.
Wenn ich mich nur mehr traute!

Yan Yan Ping
Zu leben bedeutet

Zu leben bedeutet, ständig weiterzugehen.
Tut mir leid,
Ich kann nicht stehen bleiben
Wegen dir.

Anna Maria Nagl-Lerch
Fernher rufen die Krähen

Fernher rufen die Krähen
Schwermut walzt das Feld
Über den Wolken
die so tief in der Stunde
        weiß ich das Blau

Irmgard Osterrieder
Etwas besseres als den Tod ...

Auf die Frage, was warum wann schiefgelaufen war, fand und erhielt sie keine Antwort. Das Ende der Lebensarbeitszeit – sind doch nur noch 1 ¾ Jahre – schien in der Unendlichkeit zu liegen, wie der Schnittpunkt zweier Parallelen. Die Tage türmten sich wie Müllhalden vor ihr, Demütigungen hingen wie Mühlensteine um sie herum. Sie las Biographien, transkribierte fremder Leute Tagebücher. Es gab kein eignes Leben – nur Papier. Alle Energie verbraucht?

Alle Energie verbraucht im Büro.
Aufpassen, aufpassen.
Immer schön freundlich.
Kollegen hinterherlaufen.
Informationen erbetteln.
Des Nachfolgers Zynismus parieren.
Zusammenhänge erraten.
Der Externen Arroganz ignorieren.
Der Königinnen Streit ausgleichen.
Wörter sorgfältig wählen.
Aufpassen. Aufpassen.
Klick klick klick das PC-Mäuslein. Alle Häkchen gesetzt?
Alle Nummern geschrieben?
Aufpassen, aufpassen, und immer schön freundlich.
Noch 1 ½ Jahre ...

    Die Schmerzgrenze ist erreicht. Nach dem Motto der Bremer Stadtmusikanten „Etwas besseres als den Tod ..." schickt sie eine erneute Anfrage an die Personalabteilung und erlebt zum ersten Mal wieder Interesse an ihrer Tätigkeit, ihrer Person als Mitarbeiter. Es gebe eine Stelle in B., sie hat zwei Tage, sich zu entscheiden. Eigentlich unnötig: natürlich nimmt sie an.
    Plötzlich laufen ihr die Kollegen nach, verkünden Besuchsabsichten. Die Königinnen tun gnädig oder sind huldvoll uninteressiert. Der Usurpator kann seinen Neid nur schlecht verbergen. Externe sind verwundert. Noch 1 ½ Jahre ... alles ist möglich!

Yan Yan Ping
Es gibt eine Art von Verabschieden

Es gibt eine Art von Verabschieden durch die Nacht.
Lösch das Licht,
Und das Leben erlischt in Sekunden.

Anmerkungen zu den Autoren

Brigitte Berger, geboren 1951, lebt in München. Co-Autorin mehrerer Sachbücher zum Thema Gesundheit und Sport. Literarisches Schreiben heißt für mich, Gedanken zu ordnen, Meinungen zu hinterfragen und die Welt immer wieder aufs Neue zu erkunden.

Peter Inzen, geboren 1956 in München. Anwendungsorientierter Erlebnissammler. Schreiben als Mittel, Eindrücke zu verdauen und Erlebnisse zu verarbeiten.

Heidi Mergener, Schreiben: Lyrik und Prosa – die pure Lust! Veröffentlichungen im BR, WDR und MDR.

Anna Maria Nagl-Lerch, geboren 1946 in Koblach, Österreich. 2009 erschien der Gedichtband „ein junges Wasser fließt".

Irmgard Osterrieder, geboren 1948 in München. „Es gibt wenig, das mir wichtiger ist, als Schreiben."

Yan Yan Ping, geboren 1980 in Shanghai, studierte Theater- und Kommunikationswissenschaft. Als Journalistin arbeitete sie für bekannte chinesische Zeitungen und Zeitschriften. 2003 veröffentlichte sie ihr erstes Buch.

Brigitta-Lea Scherleitner, geboren 1946 in Innsbruck, Österreich. Volks- und Hauptschullehrerin, in der Lehrerausbildung tätig. Schreibt Lyrik, Kurzprosa und Kindergeschichten. Spätberufene Studentin an der Privaten Kunstakademie in Nürnberg – das Malen hat inzwischen den gleichen Stellenwert wie das Schreiben bekommen. Lesungen und Ausstellungen in Tirol und München.

Suse Schneider-Kleinheinz, geboren 1928, aufgewachsen in einer Lehrerfamilie, fünf Geschwister. Verheiratet, zwei Kinder, fünf Enkelkinder. Schreibt Kurzgeschichten und Gedichte, und arbeitet jetzt an der Biographie „Fritz Strempfer". Veröffentlichungen in Anthologien und Zeitschriften. 1998 das erste eigene Buch, „Asmién und Musamose".

Herausgeberin
Dr. Marie-Luise Grünig-Martin, geboren 1949, Literaturwissenschaftlerin und Diplom-Pädagogin für Erwachsenenbildung, seit 1984 Leiterin der Montagswerkstatt.

Inhaltsverzeichnis

Irmgard Osterrieder: Elfchen 9

Lebenslieder
Irmgard Osterrieder: Tagessymphonie 13
Peter Inzen: Wer Schmetterlingen zuhören kann,
    erfährt, wie Wolken schmecken 14
Anna Maria Nagl-Lerch:
    Tränendes Herz (Dicentra spectabilis) 17
Irmgard Osterrieder: Kreischer 18
Anna Maria Nagl-Lerch:
    Die Lieder eines Sommers 19
Brigitta-Lea Scherleitner: Warten ins Blech 20
Suse Schneider-Kleinheinz: Die solistischen
    Darbietungen der Familie Schneider 21
Suse Schneider-Kleinheinz: Orgelpunkt 27
Brigitta-Lea Scherleitner: Bajuschki baju 28
Anna Maria Nagl-Lerch: Über silberne Meere 30
Yan Yan Ping: Ihre Augen glänzen 31

Weit in den Tälern der Vergangenheit
Anna Maria Nagl-Lerch: Weit in den Tälern 35
Heidi Mergener: Diese Augen 36
Anna Maria Nagl-Lerch: Wiederbegegnet 40
Brigitta-Lea Scherleitner: Lauft was ihr könnt 41
Peter Inzen: Ich weiß genau, wie man Sie nennt 43
Yan Yan Ping: Für M 44
Suse Schneider-Kleinheinz: Zeitbogen 46
Suse Schneider-Kleinheinz: Ist's Magie? 48

Suse Schneider-Kleinheinz: Ein pädagogischer
   Zeigefinger   49
Suse Schneider-Kleinheinz: Eine Kerze
   angezündet   50
Yan Yan Ping: Wài pó – Oma   52
Brigitta-Lea Scherleitner: Die Stimme   53
Yan Yan Ping: Die Traurigkeit   55

In den Hinterhöfen einer Kindheit
Anna Maria Nagl-Lerch:
Zu Taglicht schwanden die Giebel   59
Peter Inzen: Worum geht es?   60
Irmgard Osterrieder: Erinnerung   63
Peter Inzen: Ein Wunder?   64
Heidi Mergener: Geruch meiner Kindheit   65
Irmgard Osterrieder: Ibidum   68
Irmgard Osterrieder: Willkommen   69
Heidi Mergener: Folgen   70
Brigitte Berger: So ist es gewesen   73
Heidi Mergener: Schuldgeschmack   75

Zerfranste Lebensfäden
Brigitta-Lea Scherleitner: Zerfranste Lebensfäden   79
Brigitte Berger: Brauchbar   80
Irmgard Osterrieder: Alles gegeben   81
Peter Inzen: Midlifecrisis   82
Brigitte Berger: „Habe ich schlecht geputzt?"   82
Irmgard Osterrieder: Abschied vom Grün   84
Irmgard Osterrieder: Davonlaufen   84
Brigitta-Lea Scherleitner: Von außen   87
Brigitte Berger: Fremd   88
Heidi Mergener: Herbst   89

Suse Schneider-Kleinheinz: Allerliebrauh 90
Brigitta-Lea Scherleitner: Vergeudete Zeit 95
Brigitte Berger: Das Testament 96
Irmgard Osterrieder: Vergänglich 101

Aufbricht das Blau

Anna Maria Nagl-Lerch: Aufbricht das Blau 105
Peter Inzen: Pan! 106
Peter Inzen: Rummelplatzriesenrad 107
Anna Maria Nagl-Lerch:
   Es tost die Nacht ins Wüstenland 108
Suse Schneider-Kleinheinz:
   Unter dem Rotbirnenbaum 109
Irmgard Osterrieder: Zwischen Sternen 112
Heidi Mergener: Raureif 112
Anna Maria Nagl-Lerch:
   Tief ins nachtblaue Märchen 114
Peter Inzen: Das Bergstädtchen Berlin 115
Anna Maria Nagl-Lerch: Zeitlos 117
Suse Schneider-Kleinheinz: Pferdelenker 118
Peter Inzen: Bouquet meiner Lieben 120
Yan Yan Ping: Zu leben bedeutet 122
Anna Maria Nagl-Lerch:
   Fernher rufen die Krähen 122
Irmgard Osterrieder:
   Etwas besseres als den Tod ... 123
Yan Yan Ping:
   Es gibt eine Art von Verabschieden 125

Anmerkungen zu den Autoren 126